GERMAN LEGISLATION FOR THE OCCUPIED TERRITORIES OF BELGIUM

German Legislation for the Occupied Territories of Belgium

OFFICIAL TEXTS

EDITED BY

CHARLES HENRY HUBERICH

J.U.D., D.C.L., LL.D., OF THE UNITED STATES SUPREME COURT BAR
COUNSELLOR AT LAW

THE HAGUE - BERLIN - PARIS - HAMBURG

AND

ALEXANDER NICOL-SPEYER

J.U.D., ADVOCATE

THE HAGUE - ROTTERDAM

TENTH SERIES

3 January 1917—29 March 1917

(Nrs. 295—327)

Springer-Science+Business Media, B.V.

1917

ISBN 978-94-017-5784-3 ISBN 978-94-017-6197-0 (eBook)
DOI 10.1007/978-94-017-6197-0

Softcover reprint of the hardcover 1st edition 1917

Gesetz- und Verordnungsblatt
für die okkupierten Gebiete Belgiens.
Bulletin officiel des Lois et Arrêtés pour le territoire belge occupé.
Wet- en Verordeningsblad voor de bezette streken van België.

No. 295. — 3. JANUAR 1917. Pag. 3131

KONTRIBUTIONS-AUFLAGEBEFEHL. ***

Gemäss Artikel 49 des Haager Abkommens, betreffend die Ordnung der Gesetze und Gebräuche des Landkrieges, wird hierdurch der Bevölkerung des dem Generalgouvernement in Belgien angeschlossenen französischen Gebietsteiles Givet-Fumay (vgl. Verordnung vom 3. Januar 1915, Gesetz- und Verordnungsblatt Nr. 29, S. 99) als Beitrag zu den Kosten der Bedürfnisse des Heeres und der Verwaltung dieses Gebietes eine Kriegskontribution in Höhe van 625000 Frank auferlegt.

Die Beschaffung der Kontribution hat durch die als

Bei den mit drei Sternen bezeichneten Verordnungen ist Bekanntgabe auch durch Maueranschlag beabsichtigt. Die übrigen sind durch die Gemeindebehörden in ortsüblicher Weise insbesondere an die Interessenten bekannt zu geben.

Les arrêtés marqués de trois astérisques seront affichés. Les autres doivent être portés à la connaissance du public et spécialement des intéressés par les administrations communales, qui procéderont ainsi qu'elles ont coutume de le faire.

De met drie sterretjes gemerkte Verordeningen worden ook door middel van aanplakbrieven bekend gemaakt. Alle andere Verordeningen moeten door de gemeenteoverheid volgens de gebruikelijke wijze van bekendmaken vooral aan de belanghebbenden medegedeeld worden.

Gesamtschuldner haftenden Gemeinden zu geschehen.

Die Zahlung ist spätestens bis zum 20. Januar 1917 an die Feldkriegskasse des Kaiserlichen Generalgouvernements in Brüssel in staatlichem Gelde zu bewirken.

Brüssel, den 30. Dezember 1916.

C. C. II*b* 2938.

Ordre imposant une contribution de guerre. ***

Conformément à l'article 49 de la Convention de La Haye concernant les lois et coutumes de la guerre sur terre, il est imposé par le présent ordre à la population de la partie du territoire français Givet-Fumay incorporée dans le Gouvernement général en Belgique (voir arrêté du 3 janvier 1915, Bulletin officiel des lois et arrêtés no. 29, p. 99) une contribution de guerre de 625,000 francs, comme quote-part aux frais d'entretien de l'armée et d'administration dudit territoire.

Les communes sont, à titre de débitrices solidaires, tenues de se procurer les fonds nécessaires au règlement de la contribution.

Le paiement, en monnaie d'Etat, devra s'effctuer au plus tard le 20 janvier 1917 à la Caissse de l'armée en campagne (Feldkriegskasse) du Gouvernement général impérial, à Bruxelles.

Bruxelles, le 30 décembre 1916.

C. C. II*b* 2938.

Bevel houdende oplegging eener oorlogsbelasting. ***

Overeenkomstig artikel 49 der Haagsche Overeenkomst betreffende de regeling der wetten en gebruiken van den oorlog te lande, wordt de bevolking van het bij het Generalgouvernement in België aangesloten Fransch grondgebied Givet-Fumay (zie Verordening van 3 Januari 1915, Wet- en Verordeningsblad, Nr. 29, bl. 99), hierbij als bijdrage tot de onderhoudskosten van het leger en de kosten van het bestuur in bedoeld gebied, een krijgsbelasting ten bedrage van 625.000 frank opgelegd.

Het opbrengen dezer belasting geschiedt door de gemeenten die er als gezamenlijk schuldenaar voor verantwoordelijk zijn.

De betaling moet ten laatste op 20 Januari 1917 bij de Kas van het veldleger (Feldkriegskasse) van het keizerlijk General-gouvernement te Brussel, in staatsmunt gedaan worden.

Brussel, den 30n December 1916.
C. C. IIb 2938.

AUSFUEHRUNGSBESTIMMUNGEN ***

zur Verordnung, betreffend die Erhebung direkter und indirekter Steuern in dem dem Generalgouvernement angeschlossenen französichen Gebietsteil Givet-Fumay, vom 1. November 1916 (Gesetz- und Verordnungsblatt Nr. 227 S. 2691 ff.).

I. Direkte Steuern.

§ 1. Die nach § 3 der Verordnung von den Gemeinden zu leistenden Zahlungen sind an die deutsche Zollstelle in Fumay zu bewirken.

II. Indirekte Steuern.

§ 2. Die Entrichtung der Brausteuer erfolgt unmittelbar an die deutsche Zollstelle in Fumay.

Die Brauer haben die Anmeldungen über die einzelnen Brauakte, die bisher mindestens 12 Stunden vorher an den Ortseinnehmer abzugeben waren, der deutschen Zollstelle in Fumay mindestens 3 Tage vorher einzureichen und dabei die fällige Brausteuer nebst dem Quittungsstempel zu entrichten.

Ueber die im Jahre 1916 hergestellten Hektolitergrade

ist von jedem Brauer binnen längstens 8 Tagen nach der Bekanntmachung der Aufsührungsbestimmungen der Zollstelle unter Aufführung der einzelnen Brauakte eine Zusammenstellung einzureichen, deren Richtigkeit von dem Bürgermeister zu bescheinigen ist. Gleichzeitig ist die Steuer für diese Hektolitergrade zu entrichten.

§ 3. Diejenigen Personen, denen die Entrichtung von Lizenzabgaben obliegt, haben die Quittung über die letzte Zahlung innerhalb acht Tagen nach der Bekanntmachung der Ausführungsbestimmungen bei der zuständigen Gemeindekasse vorzulegen und dabei die für das Jahr 1916 rückständigen Betrage zu entrichten.

Die Gemeindekassen haben auf Grund der Quittungen Heberollen, deren Richtigkeit von den Bürgermeistern zu bescheinigen ist, anzulegen und die nach diesen Heberollen vereinnahmten Beträge an die Zollstelle in Fumay abzuliefern.

Die Ablieferung hat jeweils spätestens am 15. Januar, 15. April, 15. Juli und 15. Oktober jedes Jahres zu erfolgen.

Für das Jahr 1917 hat die erste Ablieferung spätestens am 15. Februar zu erfolgen. Bis dahin sind auch die für 1916 nacherhobenen Lizenzabgaben abzuführen.

Brüssel, den 30. Dezember 1916.
C. C. II*b*. 2939.

Dispositions Réglementaires ***

de l'arrêté du 1er novembre 1916, concernant la perception d'impôts directs et indirects dans la partie du territoire français Givet-Fumay qui dépend du Gouvernement genéral (Bulletin officiel des lois et arrêtés no. 277, p. 2961 et suivantes).

I. *Impôts directs.*

§ 1er. Les payements qui incombent aux communes

conformément au § 3 de l'arrêté doivent être opérés au Bureau allemand des douanes (Deutsche Zollstelle) à Fumay.

II. *Impôts indirects.*

§ 2. Les droits de fabrication sur les bières doivent s'acquitter directement au Bureau allemand des douanes à Fumay.

Les brasseurs sont tenus de déclarer 3 jours au moins à l'avance, au Bureau allemand des douanes à Fumay, chacune de leurs fabrications dont, jusqu'à présent, la déclaration devait se faire 12 heures au moins à l'avance à la recetteburaliste; ils devront, en même temps, acquitter les droits de fabrication échus, y compris le droit de quittance.

Les brasseurs sont tenus de remettre, huit jours au plus après la publication des présentes dispositions réglementaires, au Bureau allemand des douanes, une liste du nombre des degrés-hectolitres fabriqués par chacun d'eux en 1916; ils indiqueront aussi chacune de leurs fabrications dans cette liste et feront certifier l'exactitude de leurs déclarations par le maire compétent. Les droits de fabrication dû pour ces degrés-hectolitres devront être acquittés lors de la remise de la liste.

§ 3. Les personnes assujetties à des droits de licence doivent, dans un délai de 8 jours à partir de la publication des présentes dispositions réglementaires, présenter leur dernière quittance à la Caisse communale compétente et acquitter les arriérés de l'année 1916.

En se basant sur les quittances, les caisses communales dresseront des rôles dont l'exactitude devra être certifiée par les maires; les caisses communales verseront au Bureau allemand des douanes à Fumay les montants perçus conformément auxdits rôles.

Le versement s'opérera au plus tard le 15 janvier, le 15 juillet et le 15 octobre de chaque année.

Pour l'année 1917, le premier versement s'effectuera au plus tard le 15 février. On versera également le 15 février au plus tard les arriérés des droits de licence pour 1916.

Bruxelles, le 30 décembre 1916.
C. C. II*b* 2939.

Uitvoeringsbepalingen ***

tot de Verordening van 1 November 1916, betreffende het heffen van rechtstreeksche en onrechtstreeksche belastingen in het bij het Generalgouvernement aangesloten Fransch grondgebied Givet-Fumay (Wet- en Verordeningsblad, no. 277, bl. 2961 en vlg.)

I. Rechtstreeksche belastingen.

§ 1. *De gemeenten moeten de betalingen, die hun op grond van § 3 der Verordening zijn opgelegd, op het Duitsch tolkantoor (Deutsche Zollstelle) te Fumay doen.*

II. Onrechtstreeksche belastingen.

§ 2. *De belasting op het brouwen is onmiddellijk op het Duitsch tolkantoor te Fumay te betalen.*

De brouwers zullen de aangiften over elk afzonderlijk brouwsel, die totnogtoe ten minste 12 uur te voren op het plaatselijk ontvangstkantoor moesten gedaan worden, voortaan ten minste 3 dagen te voren bij het Duitsch tolkantoor te Fumay indienen en te gelijker tijd de verschuldigde belasting op het brouwen, naast den kwijtbriefzegel betalen.

Ieder brouwer moet, ten laatste binnen 8 dagen na afkondiging van deze uitvoeringsbepalingen, op het tolkantoor een door den burgemeester voor recht verklaarde lijst indienen over de hektolitergraden, die hij gedurende het jaar 1916 heeft voortgebracht, met afzonderlijke vermelding van elk brouwsel. Te gelijker tijd moet de belasting voor deze hektolitergraden worden betaald.

§ 3. Alle *personen, die gehouden zijn vergunningsrechten te betalen, moet binnen 8 dagen na afkondiging van deze uitvoeringsbepalingen, bij de bevoegde gemeentekas het kwijtschrift over de laatste betaling overleggen en daarbij de achterstallige bedragen voor het jaar 1916 voldoen.*

De gemeentekassen moeten op grond der kwijtschriften, door de burgemeester voor echt te verklaren aanslagrollen opmaken en de volgens deze aanslagrollen geïnde bedragen storten op het tolkantoor te Fumay.

De storting van deze bedragen moet telkens ten laatste op 15 Januari, 15 April, 15 Juli en 15 Oktober van elk jaar geschieden.

Voor het jaar 1917 moet de eerste storting ten laatste op 15 Februari geschieden. De bedragen van de voor 1916 naderhand geheven vergunningsrechten zijn eveneens tot op dien datum op vermeld tolkantoor te storten.

Brussel, den 30n December 1916.
C. C. IIb 2939.

No. 296. — 5. JANUAR 1917. Pag. 3139

VERORDNUNG,

betreffend Ergänzung der Verordnung über den Transport von Gütern innerhalb des Generalgouvernements.

Einziger Paragraph.

Für alle Transporte von Roh-, Halb- und Fertigfabrikaten von Zink, sei es durch Eisenbahn, Kleinbahn, Fuhrwerk oder Wasser, gelten von heute ab die Vorschriften der Transportverordnung vom 5. September 1916 (G. u. V. Bl. Seite 2683). Für die Genehmigung der Transporte ist die Abteilung für Handel und Gewerbe, Rohstoffverwaltungsstelle, Kunstherlevingslaan 30, Brüssel, zuständig.

Brüssel, den 30. Dezember 1916.
C. C. IV. R. 453/I.

Arrêté

complétant l'arrêté concernant le transport des marchandises dans le territoire du Gouvernement général.

Paragraphe unique.

Tout transport de produits bruts, mi-ouvrés ou finis en zinc, par chemin de fer, vicinal, camion ou bateau, est soumis, à partir de ce jour, aux prescriptions de l'arrêté du 5 septembre 1916 concernant le transport des marchandises dans le territoire du Gouvernement général (Bull. off. des lois et arr., page 2683). L'autorité compétente pour donner les autorisations de transport sera la Section du commerce et de l'industrie, Bureau des matières premières (Abteilung für Handel und Gewerbe, Rohstoffverwaltungs stelle), rue de la Renaissance, 30, à Bruxelles.

Bruxelles, le 30 décembre 1916.
C. C. IV. R. 453/I.

Verordening

houdende aanvulling van de Verordening over het vervoer van goederen binnen het Generalgouvernement.

Eenige Paragraaf.

Te rekenen van heden gelden voor elk vervoer per spoor-

weg, buurtspoorweg, vrachtwagen of per schip van ruwe, halfafgewerkte en afgewerkte fabrikaten uit zink, de voorschriften der Verordening van 5 September 1915 over het vervoer (Wet- en Verordeningsblad, bl. 2683). De afdeeling voor handel en nijverheid, kantoor voor grondstoffen (Abteilung für Handel und Gewerbe, Rohstoffverwaltungsstelle) Kunstherlevingslaan 30, te Brussel, is bevoegd tot het verleenen van vervoertoelatingen.

Brussel, den 30n December 1916.
C. C. IV. R. 453/I.

No. 297.— 8. JANUAR 1917. Pag. 3143

VERORDNUNG

betreffend Ergänzung der Verordnungen über die Zwangsverwaltung.

Einziger Artikel.

Ist Vermögen nach Massgabe der Verordnungen vom 17. Februar 1915 und vom 18. Februar 1916 unter Zwangsverwaltung gestellt, so kann der Zwangsverwalter ungeachtet der Vorschrift des § 2 der Verordnung, betreffend Zahlungsverbot gegen England und Frankreich vom 3. November 1914 (Gesetz- und Verordnungsblatt für die okkupierten Gebiete Belgiens Nr. 10) die Erfüllung vermögensrechtlicher Ansprüche fordern. Die Stundung endet mit der Aufforderung zur Leistung.

Endet bei einen Wechsel, bei welchem durch die Stundung gemäss § 4 der Verordnung vom 3. November 1914 die Protesterhebung hinausgeschoben ist, die Stundung auf Grund der Vorschrift des Abs. 1, so bleiben gleichwohl die Protesterhebung und der Rückgriff aus dem

Wechsel bis auf weiteres ausgeschlossen. Diese Vorschrift findet auf Schecks entsprechende Anwendung.

Brüssel, den 30. Dezember 1916.

B. A. 24000.

Arrêté

complétant les arrêtés sur la mise sous séquestre de certaines entreprises.

Article unique.

Les séquestres des avoirs et biens placés sous séquestre, conformément aux arrêtés du 17 février 1915 et du 18 février 1916, sont autorisés à exiger l'exécution des engagements contractés, nonobstant les prescriptions du § 2 de l'arrêté du 3 novembre 1914 relatif à l'interdiction d'effectuer des paiements à l'Angleterre et à la France (Bulletin officiel des lois et arrêtés pour le territoire belge occupé, no. 10). Le sursis expire au moment où cette exécution est exigée.

Lorsque, en vertu du 1er alinea ci-dessus, le sursis expire à l'égard d'une lettre de change pour laquelle les délais de protêt étaient prorogés par suite du sursis établi conformément au § 4 de l'arrêté du 3 novembre 1914, la faculté de lever un protêt et d'exercer un recours reste, néanmoins, provisoirement exclue. Cette prescription, par analogie, est applicable également aux chèques.

Bruxelles, le 30 décembre 1916.

B. A. 24000.

Verordening

tot aanvulling van de Verordeningen over het dwangbeheer.

Eenig Artikel.

Wanneer vermogen overeenkomstig de Verordeningen

van 17 Februari 1915 en van 18 Februari 1916 onder dwangbeheer is geplaatst, kan de dwangbeheerder, ondanks het voorschrift van § 2 der Verordening van 3 November 1914, betreffende verbod van betaling tegenover Engeland en Frankrijk (Wet- en Verordeningsblad voor de bezette streken van België, Nr. 10), de vervulling eischen van aangegane verplichtingen. De schorsing neemt een einde op het oogenblik dat de eisch tot vervulling der verplichtingen gesteld wordt.

Neemt voor een wissel, waarvan de protestverheffing, ten gevolge van de schorsing overeenkomstig § 4 der Verordening van 3 November 1914, uitgesteld is, de schorsing krachtens het voorschrift van lid 1 een einde, zoo blijven niettemin de protestverheffing en het verhaal voor den wissel tot nader bericht uitgesloten. Dit voorschrift is op schecks dienovereenkomstig van toepassing.

Brussel, den 30n December 1916.
B. A. 24 000.

BEKANNTMACHUNG. ***

Zur näheren Erläuterung der Bekanntmachung vom 27. Dezember 1916, I*b* 9221, betr. Abtretung des belgischen Arrondissements Mons an die Etappen-Inspektion der 1. Armee und des Kreises Arlon an die Etappen-Inspektion der 5. Armee wird hiermit noch folgendes bekantngemacht:

Reiseverkehr :

Jeder Verkehr zu Fuss, mit Wagen, Kraftwagen, Fahrrad, Kleinbahnen oder Eisenbahnen u.s.w. aus dem Gebiet des General-gouvernements in das Etappengebiet hinein und umgekehrt ist nur mit Erlaubnis der zuständigen Etappen-Inspektion zulässig und *passier-*

scheinpflichtig. Gesuche um Reiseerlaubnis in die Etappengebiete der vorgenannten Armeen sind unter ausführlicher Begründung bei den zuständigen Paszentralen bezw. Passbüros anzubringen, die die Gesuche an die Etappen-Inspektion zur Einholung deren Stellungnahme weiterleiten.

Kein zur Einreise Zugelassener darf Briefe oder Nachrichten irgend welcher Art vermitteln.

Wer diesen Bestimmungen zuwiderhandelt, wird nach den für das Gebiet des Generalgouvernements bestehenden Strafbestimmungen zu den Passbestimmungen vom 15. April 1916, sofern nicht andere schwerere Strafbestimmungen Anwendung finden, mit Haft oder mit Gefängnis bis zu 3 Jahren oder mit Geldstrafe bis zu 20.000 M. bestraft.

Telegraphenverkehr :

Ein privater Telegraphenverkehr ins Etappengebiet ist unzulässig.

Brüssel, den 31. Dezember 1916.
G. G. II*d* 30728, II*b* 19.

Avis. ***

En vue de préciser l'avis du 27 décembre 1916, I*b* 9221, concernant la cession de l'arrondissement belge de Mons à l'Inspection des étapes de la 1re armée, et de l'arrondissement militaire d'Arlon à l'Inspection des étapes de la 5e armée, il est encore porté à la connaissanse du public ce qui suit :

Circulation des voyageurs:

Toute circulation à pied, en automobile, voiture, camion

ou tout autre véhicule de l'espèce, à bicyclette, par tramway vicinal ou chemin de fer, etc., du territoire du Gouvernement général dans le rayon des étapes, et vice versa, est soumise à l'autoriastion préalable de l'Inspection des étapes compétente et à ***l'obligation d'un passeport***. Les demandes d'autorisation de voyager dans le rayon des étapes des armées précitées, appuyées d'une justification circonstanciée, doivent être introduites auprès des Bureaux centraux des passeports (Pass-Zentrale) ou Bureaux des passeports (Passbüro) compétents; ceux-ci transmettront les demandes à l'Inspection des étapes intéressée, qui se prononcera.

Il est interdit aux personnes autorisées à voyager dans les conditions susdites de prêter leur entremise à la transmission de lettres ou de renseignements quelconques.

Toute infraction aux dispositions présentes sera passible, conformément aux dispositions pénales déterminées pour le territoire du Gouvernement général par les dispositions applicables aux passeports, entrées en viguer à la date du 15 avril 1916, soit d'une peine d'emprisonnement de police ou correctionnel pouvant atteindre 3 ans, soit d'une amende de 20.000 marcs au plus, à moins que d'autres dispositions pénales plus rigoureuses ne soient applicables.

Communications télégraphiques:

Toute communication télégraphique privée avec le rayon des étapes est interdite.

Bruxelles, le 31 décembre 1916.
G. G. II*d* 30728, II*b* 19.

Bekendmaking. ***

Bij wijze van toelichting tot de Bekendmaking van 27 December 1916, Ib 9221, betreffende afstand van het Bel-

gisch arrondissement Bergen aan de etappeninspektie van het 1ste leger en van het krijgsarrondissement Aarlen aan de etappeninspektie van het 5de leger, wordt hierbij nog het volgende bekendgemaakt :

Reizen :

Voor elk verkeer te voet, per wagen, automobiel, rijwiel, buurtspoorweg of spoorweg, enz., van het gebied van het General-Gouvernement naar het etappengebied en omgekeerd, is een toelating van de bevoegde etappeninspektie en een paspoort vereischt. De toelating om naar de etappengebieden der voormelde legers te reizen moet onder uitvoerige aangifte der redenen bij de bevoegde pascentralen (Passzentrale) of paskantoren (Passbüro) aangevraagd worden; deze laatsten maken de aanvragen over aan de etappeninspektie, om er haar beslissing over in te winnen.

Het is aan elk, die de toelating voor de reis bekomt, verboden brieven of om het even welke berichten over te brengen.

Wie deze bepalingen overtreedt, wordt, zoover geen andere strengere strafbepalingen in aanmerking komen, overeenkomstig de voor het gebied van het Generalgouvernement bestaande strafbepalingen tot de pasbepalingen van 15 April 1916, gestraft met ten hoogste 3 jaar hechtenis of gevangenis of met ten hoogste 20.000 mark boete.

Telegrammen:

Private telegrammen naar het etappengebied zijn niet toegelaten.

Brussel, den 31n December 1916.

G. G. *IId 30728, IIb 19.*

VERORDNUNG,

betreffend Aenderung der Verordnung über Ersparnis von Brennstoffen und Beleuchtungsmitteln.

§ 3 Absatz 2 der Verordnung, betreffend die Esparnis von Brennstoffen und Beleuchtungsmitteln, vom 13. Dezember 1916 (Gesetz und Verordnungsblatt Nr. 289) erhält folgende Fassung:

Die Militärgouverneure der Provinzen können ausnahmweise eine spätere Schliessung gestatten.

Brüssel, den 5. Januar 1917.
C. C. IV*a* 219.

Arrêté

modifiant l'arrêté ayant pour but d'économiser les combustibles et les produits servant à l'éclairage.

Le 2e alinéa du § 3 de l'arrêté du 13 décembre 1916 ayant pour but d'économiser les combustibles et les produits servant à l'éclairage (Bulletin officiel des lois et arrêtés no. 289) est modifié comme suit:

Les gouverneurs militaires des provinces pourront exceptionnellement autoriser que la fermeture ait lieu plus tard.

Bruxelles, le 5 janvier 1917.
C. C. IV*a* 219.

Verordening

houdende wijziging van de Verordering betreffende de bezuiniging van brandstoffen en verlichtingsmiddelen.

Lid 2 van § 3 der Verordening van 13 December 1916 (Wet- en Verordeningsblad Nr. 289), betreffende de bezuiniging van brandstoffen en verlichtingsmiddelen, luidt voortaan als volgt :

De krijgsgouverneurs der provinciën kunnen bij wijze van uitzondering een later sluitingsuur toelaten.

Brussel, den 5n Januari 1917.
C. C. IVa 219.

No. 298. — 11. JANUAR 1917. Pag. 3187

VERORDNUNG, ***
betreffend das Decken von Stuten das und Kastrieren von Hengsten.

1. Die im Besitz von Landeseinwohern befindlichen Stuten dürfen nur auf den Deckstationen gedeckt werden, welche von der deutschen Verwaltung eingerichtet sind.

2. Nur solche Stuten dürfen gedeckt werden, bei denen der Kreischef oder in den Festungen und in Brüssel der Kommandant es durch schriftliche, gestempelte und nummerierte Bescheinigung, auf welcher das Nationale der Stute steht, zugelassen hat.

3. Jedes Decken ist in das bei der Deckstation zu führende Deckbuch derart einzutragen, dass Nationale der Stute, Namen ihres Besitzers, der Gemeinde, die Nummer und ausstellende Behörde des Deckerlaubnisscheines daraus hervorgeht.

4. Auf Verlangen der Kreischefs oder in Festungen und in Brüssel der Kommandanten sind die in den Händen der Landeseinwohner befindlichen Hengste über 2 Jahre innerhalb einer hierfür zu stellenden First zu kastrieren.

5. Wer diesen Bestimmungen vorsätzlich oder fahrlässig zuwiderhandelt, wird mit Geldstrafe von 300 bis 10 000 Mark und mit Arrest oder mit Gefängnis bis zu 1 Jahre oder mit einer dieser Strafen bestraft. Geschieht die Zuwiderhandlung vorsätlich, so kann daneben die Einziehung des deckenden Hengstes, der gedeckten Stute und des zu kastrierenedn Hengstes ausgesprochen werden.

6. Zuständig sind die Militärgerichte und die Militärbefehlshaber.

Brüssel, den 5. Januar 1917.
G. G. V 131/17.

Arrêté ***

concernant la saillie des juments et la castration des étalons.

1. Les juments que possèdent les habitants du pays ne peuvent être saillies qu'aux stations de saillie (Deckstation) établies par l'administration allemande.

2. Ne peuvent être saillies que les juments pour lesquelles une attestation écrite, timbrée, numérotée et portant le signalement de la jument a été délivrée par le chef d'arrondissement (Kreischef) ou, dans les enceintes fortifiées et à Bruxelles, par le commandant (Kommandant).

3. De chaque saillie il sera tenu annotation au livre de saillie que doit tenir la station de saillie, avec mention du signalement de la jument, du nom de son possesseur, de la commune, du numéro de la permission de saillie et de l'autorité qui a délivré celle-ci.

4. A la demande du chef d'arrondissement ou, dans les enceintes fortifiées et à Bruxelles, du commandant, les étalons de plus de 2 ans que possédent les habitants du pays doivent être châtrés avant l'expiration d'un terme à fixer à cet effet.

5. Quiconque, intentionnellement ou par néligence, aura enfreint les présentes dispositions, sera puni d'une amende de 300 à 10 000 marcs et d'une peine d'arrêt ou d'emprisonnement d'un an au plus, ou bien de l'une de ces deux peines à l'exclusion de l'autre. Si l'infraction a été commise intentionnellement, la confiscation de l'étalon utilisé à la saillie, de la jument saillie ou de l'étalon à châtrer pourra être prononcée.

6. Les tribunaux et commandants militaires sont compétents pour juger lesdites infractions.

Bruxelles, le 5 janvier 1917.
G. G. V. 131/17.

Verordening ***

betreffende het dekken van merries en het snijden van hengsten.

1. De landbewoners mogen hun merries alleen laten dekken in de dekplaatsen (Deckstationen), die door het Duitsch bestuur zijn ingericht.

2. Alleen de merries, waarvoor de „Kreischef" of, in de vestingen en te Brussel, de kommandant een schriftelijke, afgestempelde en genummerde toelaling heeft gegeven, waarin ook de beschrijving der merrie voorkomt, mogen gedekt worden.

3. Telkens een merrie gedekt wordt, is daarvan in het dekboek, dat ieder dekplaats moet houden, aanteekening te doen, waarbij melding dient gemaakt van de beschrijving der merrie, van den naam van haren bezitter. van de gemeente, van het nummer der toelating en van de overheid, die dezelve heeft afgeleverd.

4. Op verzoek van den „Kreischefs" of, in vestingen en te Brussel, den kommandant, moeten de hengsten van meer dan 2 jaar, die in 't bezit zijn van landbewoners, binnen den daartoe te bepalen tijd worden gesneden.

5. Wie deze bepalingen opzettelijk of uit nalatigheid overtreedt, wordt met een boete van 300 tot 10.000 mark en met ten hoogste 1 jaar opsluiting of gevangenis, of met één van beide straffen gestraft. Geschiedt de overtreding opzettelijk, zoo kan bovendien de verbeurdverklaring van den dekhengst, van de gedekte merrie en van den te snijden hengst uitgesproken worden.

6. De krijgsrechtbanken en bevelhebbers zijn tot oordeelvellen bevoegd.

Brussel, den 5n Januari 1917.
G. G. V 131/17.

No. 299.— 13. JANUAR 1917. (Nihil).

No. 300. — 16. JANUAR 1917. Pag. 3199

VERORDNUNG ***

gegen Bedrohung der öffentlichen Sicherheit.

Die Verordnung gegen Bedrohung der öffentlichen Sicherheit vom 11. Januar 1916 (G. & V. Bl., S. 1511) wird dahin geändert, dass an die Stelle des bisherigen Artikels 1 die folgenden Artikel 1, 1*a* and 1*b* treten:

Artikel 1. Wer im Gebiete des Generalgouvernements der vorsätzlichen Verursachung einer Ueberschwemmung oder des Angriffs oder des Widerstandes gegen die bewaffnete Macht oder Abgeordnete der deutschen Zivil- oder Militär-Behörde in offener Gewalt und mit Waffen oder gefärhlichen Werkzeugen versehen sich schuldig macht, wird mit dem Tode bestraft.

Sind mildernde Umstände vorhanden, so kann statt der Todesstrafe auf Zuchthausstrafe nicht unter 10 Jahren oder auf lebenslängliche Zuchthausstrafe erkannt werden.

Der Versuch wird ebenso bestraft wie das vollendete Verbrechen.

Art. 1*a*. Wer an einer Zusammenrottung teilnimmt, bei welcher ein nach Art. 1 strafbares Verbrechen begangen wird, hat allein wegen dieser Teilnahme dieselbe Strafe verwirkt, als wenn er das Verbrechen selbst begangen hätte.

Art. 1*b*. Jede Verabredung zur Aufsührung eines nach Art. 1 strafbaren Verbrechens und jede andere ein solches Verbreches vorbereitende Handlung wird, wenn es nicht zum Versuch des Verbrechens gekommen ist, mit Zuchthaus bestraft.

Brüssel, den 5. Januar 1917.

G. G. III 90/17.

Arrêté ***

concernant la répression des crimes contre la sécurité publique.

L'arrêté du 11 janvier 1916 concernant la répression des actes menaçant la sécurité publique (Bull. off. des lois et arr., p. 1511) est modifié en ce sens que l'article 1er actuel est remplacé par les nouveaux articles 1er, 1a et 1b ci-après:

Article 1er. Quiconque, dans le territoire du Gouvernement général, aura provoqué intentionnellement une inondation ou se sera rendu coupable d'agression ou de résistance, avec violence, à main armée ou à l'aide d'instrumentt dangereux, à l'égard de la force armée ou de délégués des autorités civiles ou militaires allemandes, sera puni de la peine de mort.

S'il existe des circonstances atténuantes, la peine de mort pourra être remplacée par une peine d'au moins 10 ans de travaux forcés ou par celle des travaux forcés à perpétuité.

La tentative sera punie au même titre que la perpétration du crime.

Article 1a. La seule participation à un rassemblement où se commet un crime punissable aux termes de l'article 1er sera punie des mêmes peines que la perpétration du crime lui-même.

Article 1b. Toute entente en vue de commettre un des crimes punissables en vertu de l'article 1er et tout autre agissement dans le but de préparer semblable crime seront, tant qu'il n'y aura pas eu de tentative d'exécution, punis des travaux forcés.

Bruxelles, le 5 janvier 1917.
G. G. III. 90/17.

Verordening ***
tegen het bedreigen der openbare veiligheid.

De Verordening van 11 Januari 1916 tegen het bedreigen der openbare veiligheid (Wet- en Verordeningsblad, bl. 1511), wordt zoodanig gewijzigd, dat de volgende artikelen 1, 1a en 1b artikel 1 vervangen :

Art. 1. Wie binnen het gebied van het Generalgouvernement opzettelijk een overstrooming veroorzaakt of, geweldadig en van wapens of gevaarlijke werktuigen voorzien, zich schuldig maakt aan een aanval of aan opstand tegen de gewapende macht of vertegenwoordigers van de Duitsche burgerlijke of militaire overheid, wordt met den dood gestraft.

Zijn er verzachtende omstandigheden, dan kan dwangarbeid, doch niet minder dan 10 jaar, of levenslangen dwangarbeid, in plaats van de doodstraf worden uitgesproken.

De poging tot de misdaad wordt even als de begane misdaad zelf gestraft.

Art. 1a. Wie aan een samenscholing deelneemt, waarbij een misdaad gepleegd wordt, die overeenkomstig artikel 1 strafbaar is, loopt alleen wegens deze deelneming dezelfde straf op, als wanneer hij de misdaad zelf had gepleegd.

Art. 1b. Elke afspraak tot het uitvoeren van een misdaad die overeenkomstig artikel 1 strafbaar is, en elke andere handeling ter voorbereiding van zulke misdaad, wordt, indien het niet tot een poging der misdaad gekomen is, met dwangarbeid gestraft.

Brussel, den 5n Januari 1917.
G. G. III 90/17.

No. 301. — 19 Januari. Pag. 3203.

VERORDNUNG.

betreffend Bestandsanmeldung von feuerfesten Steinen.

§ I. Sämtliche am 10. Januar 1917 im Gebiete des Generalgouvernements vorhandenen Bestände an feuerfesten Steinen sind der Anmeldepflicht unterworfen.

§ II. Von der Verordnung werden betroffen:

Klasse 1. Tonhaltige Erzeugnisse, z. B. Schamottesteine, Bauxitsteine,
„ 2. Kieselsäurehaltige Erzeugnisse, z. B. Dinas-Steine, Silika-Steine, Quarzit-Steine,
„ 3. Magnesithaltige Erzeugnisse,
„ 4. Dolomithaltige Erzeugnisse,
„ 5. Kohlenstoffhaltige Erzeugnisse.

§ III. Alle Bestände müssen, nach den in § II genannten Klassen geordnet, nach Gewicht angegeben werden. Ausserdem sind die Normalsteine, Radial- und Gewölbe- oder Keilsteine nach Stückzahl, Abmessungen, Qualitätsmarke und Schmelzpunkt (Segerkegel), sowie mit Analyse, unter Angabe des Herstellers anzumelden.

Die Anmeldungen müssen bis spätestens am 25. Januar 1917 an die Abteilung für Handel und Gewerbe, Rohstoffverwaltungsstelle, Kunstherlevingslaan 30, Brüssel, unter Benutzung des Stichwortes „Feuerfeste Steine" eingereicht werden.

§ IV. Zur Meldung verpflichtet sind Erzeuger und Verbraucher der feuerfesten Produkte, welche solche in Besitz oder Gewahrsam haben und deren Bestände nicht weniger als 10 t. betragen.

§ V. Wer die Bestandsanmeldung nach § III vorsätzlich oder grobfahrlässig unterlässt oder nicht innerhalb der gesetzten Frist erstattet oder wissentlich falsche oder unrichtige Angaben macht, wird mit Gefängnis bis zu 6 Monaten und Geldstrafe bis zu 12 000 M oder mit einer dieser beiden Strafen bestraft.

Zuständig sind die deutschen Militärgerichte und Militärsbefehlshaber.

Brüssel, den 5. Januar 1917.
C. C. IV R. 922 I.

Arrêté ***

concernant la déclaration des stocks de briques réfractaires.

§ Ier. Tous les stocks de briques réfractaires qui, à la date du 10 janvier 1917, se trouveront dans le territoire du Gouvernement général, doivent être déclarés.

§ II. Tombent sous l'application du présent arrêté:
Classe 1er. Les produits alumineux, par exemple les briques „Chamotte", les briques „Bauxit".
„ 2. Les produits siliceux, par exemple les briques „Dinas", les briques „Silika", les briques „Quarzite".
„ 3. Les produits magnésiques.
„ 4. Les produits dolomitiques.
5. Les produits carbonatés.

§ III. Tous les stocks, classés dans l'ordre indiqué au § II, doivent être déclarés d'après le poids. En outre, les briques normales, les briques radiales et les briques de voûte ou coniques doivent être déclarées d'après le nombre d'unités, les dimensions, la marque de qualité et le point de fusion (cône Seger,) avec indication de leur analyse et du nom du fabricant.

Les déclarations doivent parvenir à la Section du Commerce et de l'Industrie, Bureau des matières premières (Abteilung für Handel und Gewerbe, Rohstoffverwaltungsstelle), avenue de la Renaissance, 30, à Bruxelles, au plus tard le 25 janvier 1917; les enveloppes devront porter les mots: „Feuerfeste Steine".

§ IV. L'obligation de déclarer incombe aux producteurs et aux consommateurs de briques réfractaires, qui possèdent ou détiennent de tels produits et dont les stocks ne sont pas inférieurs à 10 tonnes.

§ V. Quiconque, intentionnellement ou par grave négligence, omet de déclarer ses stocks conformément au § III, ou ne le fait pas dans le délai fixé, ou encore fournit sciemment des renseignements faux ou inexacts, sera puni soit d'une peine d'emprisonnement de 6 mois au plus et d'une amende pouvant atteindre 12 000 marcs, soit de l'une de ces deux peines à l'exclusion de l'autre. Les tribunaux et commandants militaires allemands ont compétence pour juger lesdites infractions.

Bruxelles, le 5 janvier 1917.
C. C. IV R. 922 I.

Verordening ***

betreffende aangifte van de stapels vuurvaste steen.

§ I. Alle stapels vuurvaste steen, die op 10 Januari 1917 binnen het gebied van het Generalgouvernement voorhanden zijn, moeten aangegeven worden.

§ II. Vallen onder toepassing van deze Verordening:

Klasse 1. Kleihoudende voortbrengselen, b.v.: schamotte steenen, bauksietsteenen,

„ 2. Kiezelzuurhoudende voortbrengselen, b.v.: dinassteenen, silikasteenen, kwartsietsteenen.

„ 3. Magnesiethoudende voortbrengselen,

„ 4. Dolomiethoudende voortbrengselen,

„ 5. Koolstofhoudende voortbrengselen.

§ III. Alle stapels moeten, volgens de in § II gemelde

klassen gerangschikt, naar gewicht aangegeven worden. Voor de normaalsteenen, radiaal- en gewelf- of sluitsteenen is daarenboven het aantal steenen, de afmetingen, het hoedanigheidsmerk en het smeltpunt (Segerkegel), alsook de samenstelling en de naam van den vervaardiger aan te geven.

De aangiften moeten, voorzien van het opschrift „vuurvaste steen", ten laatste op 25 Januari 1917 in de afdeeling voor handel en nijverheid, kantoor voor grondstoffen (Abteilung für Handel und Gewerbe, Rohstoffverwaltungsstelle), *Kunstherlevingslaan, 30, te Brussel, ingediend worden.*

§ IV. De voortbrengers en de verbruikers van vuurvaste voortbrenselen, die deze in bezit of in bewaring hebben en wier stapels ten minste tien ton bedragen zijn verplicht daarvan aangifte te doen.

§ V. Wie met opzet of uit grove nalatigheid zijn stapels niet aangeeft overeenkomstig § III, of ze niet binnen den bepaalden termijn aangeeft en wie willens en wetens valsche of onjuiste aangiften doet, wordt met ten hoogste 6 maanden gevangenis en met ten hoogste 12.000 mark boete, of met een van beide straffen gestraft.

De Duitsche krijgsrechtbanken en krijgsbevelhebbers zijn tot oordeelvellen bevoegd.

Brussel, den 5n Januari 1917.
C. C. IV R. 922 I.

VERORDNUNG.

In Abänderung der Verordnung vom 16. 9. 1916 (Gesetz- und Verordnungsblatt Seite 2663) bestimme ich hiermit:

Der Lauf der in den Artikeln 5 und 7 des Gesetzes vom 1. Februar 1844 in der Fassung der Gesetze vom

15. August 1897 und 28. Mai 1914 vorgesehenen Frist für die Festsetzung von Fluchtlinien und die Einleitung des Enteignungsverfahrens beginnt ohne Rücksicht auf den Zeitpunkt der Vorlage der Baugesuche mit dem 1. Januar 1917, wenn sich diese Gesuche auf solche öffentlichen Plätze und Strassen beziehen, von welchen durch die Kriegsereignisse ein oder mehrere Häuser zerstört worden sind.

Brüssel, den 13. Januar 1917.
C. C. VIII. B. 2581.

Arrêté.

Par modification à l'arrêté du 16 septembre 1916 (Bulletin officiel des loits et arrêtés, page 2663), j'arrête ce qui suit:

Le délai prévu aux articles 5 et 7 de la loi du 1er février 1844, revisée par les lois des 15 août 1897 et 28 mai 1914 pour déterminer le plan d'alignement et intenter l'action en expropriation commence le 1er janvier 1917 (sans qu'il soit tenu compte de la date à laquelle les demandes de batir ont été présentées), lorsque les demandes se rapportent à des places publiques ou des rues dans lesquelles une ou plusieurs maisons ont été détruites par suite d'événements de guerre.

Bruxelles, le 13 janvier 1917.
C. C. VIII. B. 2581.

Verordening.

Ter wijziging der Verordening van 16 September 1916 (Wet- en Verordeningsblad, bl. 2663), bepaal ik hierbij:

De onder artiklen 5 en 7 der wet van 1 Februari 1844, in de bewoording der wetten van 15 Augustus 1897 en van 28

Mei 1914 voorziene termijn voor het vaststellen van rooilijnen en het inleiden der onteigeningsproceduur neemt aanvang, zonder rekening te houden met het tijdstip waarop de aanvraag om te mogen bouwen ingediend werd, op 1 Januari 1917, indien deze aanvragen op zulke openbare plaatsen en straten betrekking hebben, waarvan door de oorlogsgebeurtenissen één of meer huizen verwoest werden.

Brussel, den 13n Januari 1917.
C. C. VIII. B. 2581.

No. 302. — 21. JANUAR 1917. (Nihil.)

No. 303. — 24. JANUAR 1917. Pag. 3217.

BEKANNTMACHUNG.

Auf Grund der Verordnung vom 18. September 1914 (veröffentlicht im Gesetz- und Verordnungsblatt Nr. 3), in Verbindung mit Artikel VI der Verordnung vom 26 November 1914 (veröffentlicht im Gesetz- und Verordnungsblatt Nr. 16), habe ich

Herrn Dr. Ernst Goldschmidt

zum Vertreter der Firma E. L. J. Empain, Brüssel, bestellt.

Brüssel, den 18. Januar 1917.
B. A. 24308.

Avis.

Conformément à l'arrêté du 18 septembre 1914 (no 3 du Bulletin officiel des lois et arrêtés) et à l'article VI de l'arrêté du 26 novembre 1914 (no 16 du Bulletin officiel des lois et arrêtés), j'ai désigné

M. le Dr. Ernst Goldschmidt

en qualité de représentant de la maison E. L. J. Empain, à Bruxelles.

Bruxelles, le 18 janvier 1917.
B. A. 24308.

Bekendmaking.

Op grond der Verordening van 18 September 1914 (verschenen in Nr 3 van het Wet- en Verordeningsblad), in verbinding met artikel VI der Verordening van 26 November 1914 (verschenen in Nr 16 van het Wet- en Verordeningsblad), heb ik

den heer Dr. Ernst Goldschmidt

tot vertegenwoordiger van de firma E. L. J. Empain, te Brussel, benoemd.

Brussel, den 18n Januari 1917.
B. A. 24308.

2.

BEKANNTMACHUNG. ***

Auf Grund meiner Verordnung vom 8. Juli 1916, betreffend die Ernte-Kommission sowie der dazu am. 8. Juli 1916 erlassenen Ausführungsbestimmungen habe ich auf Vorschlag der Zentral-Ernte-Kommission die Höchstpreise für den Verkauf von erdroschenem Brotgetreide, Mehl, Kleie und Brot bis auf weiteres wie folgt festgesetzt:

Für Weizen, ab Lager oder Mühle geliefert	Franken	50.53	für	100	kg.
„ Roggen ab Lager oder Mühle geliefert	„	28.45	„	„	„
„ Mengekorn ab Lager oder Mühle geliefert	„	29.98	„	„	„
„ ungeschälten Spelz ab Lager oder Mühle geliefert	„	26.57	„	„	„

Für Kleie, ab Mühle geliefert	**Franken**	**21.50**	**für 100 kg.**
„ Weizenmehl, den Bäckern oder Verbraucher geliefert	**„**	**62.74**	**„ „ „**
„ Roggenmehl den Bäckern oder Verbrauchern geliefert	**„**	**35.81**	**„ „ „**
„ Mengekornmehl Bäckern oder Verbrauchern geliefert	**„**	**37.68**	**„ „ „**
„ Weizenbrot, den Verbrauchern geliefert	**„**	**—.54**	**„ 1 kg.**

Diese Höchstpreise treten am 15. Februar 1917 in Kraft.

Den Provinzial-Ernte-Kommission wird die Befugnis erteilt, für den Bezirk einzelner Gemeinden auf Antrag oder nach Anhörung der Bürgermeister, je einen niedrigeren Höchstpreis für Weizenbrot, sowie Höchstpreise für Brot, zu dessen Zubereitung Roggenmehl verwandt wird, festzusetzen.

Für die Verkäufe der Erzeuger von Brotgetreide an das Comité National de Secours et d'Alimentation bleiben die in den Ausführungsbestimmungen zu der Verordnung, betreffend die Ernte-Kommissionen vom 8. Juli 1916 festgesetzten Höchstpreise in Geltung.

Brüssel, den 20. Januar 1917.
Z. E. K. 245/17.

Avis. ***

Comme suite à mon arrêté du 8 juillet 1916, concernant les Commissions de la récolte (Ernte-Kommissionen), et aux dispositions réglementaires du 8 juillet 1916 du, dit arrêté, j'ai, sur la proposition de la Commission centrale de la récolte (Zentral-Ernte-Kommission), fixé, jusqu'à nouvel avis, les prix maxima suivants, applicables aux ventes de blé battu, farine, son et pain:

froment pris au dépôt ou au moulin....	**fr.**	**50.53**	**les 100 kg.**
seigle pris au dépôt ou au moulin	**„**	**28.45**	**„ „ „**

méteil pris au dépôt ou au moulin	fr.	**29.98**	les **100 kg.**
épeautre non pelé pris au dépôt ou au moulin	„	**26.57**	„ „ „
son pris au moulin	„	**21.50**	„ „ „
farine de froment livrée aux boulangers ou aux consommateurs	„	**62.74**	„ „ „
farine de seigle livrée aux boulangers ou aux consommateurs	„	**35.81**	„ „ „
farine de méteil livrée aux boulangers ou aux consommateurs	„	**37.68**	„ „ „
pain de froment livré aux consommateurs .	„	**—.54**	le kg.

Ces prix maxima entreront en vigueur le 15 février 1917.

Les Commissions provinciales de la récolte auront le droit, dans certaines communes, sur la demande du bourgmestre ou après avoir entendu ce dernier, d'abaisser le prix maximum du pain de froment, ainsi que d'établir des prix maxima pour le pain contenant de la farine de seigle.

Pour le blé vendu par les producteurs au Comité national de secours et d'alimentation, les prix maxima déterminés dans les dispositions réglementaires de l'arrêté du 8 juillet 1916, concernant les Commissions de la récolte (Ernte-Kommissionen), restent en vigueur.

Bruxelles, le 20 janvier 1917.
Z. E. K. 245/17.

Bekendmaking. ***

Op grond mijner Verordening van 8 Juli 1916 betreffende de Oogstkommissies, evenals der uitvoeringsbepalingen van 8 Juli 1916 tot deze Verordening, heb ik, op voorstel der Centrale Oogstkommissie (Zentral-Ernte-Kommission), *de hoogste prijzen voor den verkoop van gedorscht koren, meel, zemelen en brood voorshands als volgt vastgesteld:*

voor	*tarwe uit stapelplaats of molen geleverd*	*frank*	*50.53*	*per*	*100 kgr.*
„	*rogge uit stapelplaats of molen geleverd*	„	*28.45*	„	„ „
„	*masteluin uit stapelplaats of molen geleverd*	„	*29.98*	„	„ „
„	*ongepelde spelt uit stapelplaats of molen geleverd*	„	*26.57*	„	„ „
„	*zemelen uit den molen geleverd*	„	*21.50*	„	„ „
„	*tarwemeel aan bakkers of verbruikers geleverd*	„	*62.74*	„	„ „
„	*roggemeel aan bakkers of verbruikers geleverd*	„	*35.81*	„	„ „
„	*masteluinmeel aan bakkers of verbruikers geleverd*	„	*37.68*	„	„ „
„	*tarwebrood aan verbruikers geleverd*	„	*—.54*	„	*kgr.*

Deze hoogste prijzen worden op 15 Februari 1917 van kracht.

Den Provincialen Oogstkommissies (Provinzial-Ernte-Kommissionen) *wordt de bevoegdheid verleend, voor de omschrijving van agzonderlijke gemeenten op verzoek of na raadpleging van de burgemeesters, telkens een lageren hoogsten prijs voor tarwebrood, evenals hoogste prijzen voor brood, tot het bereiden waarvan roggemeel wordt gebruikt, vast te stellen.*

Voor de verkoopen der voortbrengers van koren aan het Nationaal Hulp- en Voedingskomiteit, blijven de hoogste prijzen, vastgesteld in de uitvoeringsbepalingen tot de Verordening van 8 Juli 1916 betreffende, de Oogstkommissies van kracht.

Brussel, den 20n Januari 1917.

Z. E. K. 245/17.

No. 304. — 27 JANUAR 1917. Pag. 3221

VERORDNUNG,

betreffs Störung von Drahtleitungen.

Die Verordnung vom 27. 8. 15 (Gesetz- und Verordnungsblatt, Seite 922) wird aufgehoben und durch folgende Verordnung ersetzt:

1. Jede Störung der Drahtleitungen, mögen sie Starkstrom- oder Schwachstromleitungen sein und mögen sie benutzt oder unbenutzt sein, ist verboten und wird durch die deutschen Militärgerichte oder Militärbefehlshaber bestraft.

2. Bei vorsätzlicher Störung tritt Gefängnisstrafe nicht unter 3 Monaten und, wenn durch die Störung Menschen gefährdet werden, Gefängnisstrafe nicht unter 1 Jahre oder Zuchthausstrafe ein.

3. Bei fahrlässiger Störung tritt Geldstrafe bis 1000 Mark oder mittlerer oder strenger Arrest oder Gefängnis bis zu 3 Monaten ein.

4. Sind die Täter nicht strafmündig, so tritt die Strafe des Art. 3 gegen deren Eltern oder Erzieher ein, sofern sie es an der Beaufsichtigung haben fehlen lassen.

5. Ausserdem werden die Gemeinden durch die Gouverneure zur Verantwortung gezogen, in deren Bereich Störungen vorkommen.

Brüssel, den 20. Januar 1917.
G. G. III 152/17.

Arrêté

concernant les perturbations causées dans le fonctionnement des fils électriques.

L'arrêté du 27 août 1915 (Bulletin officiel des lois et arrêtés, page 922) est abrogé et remplacé par l'arrêté suivant:

1. Il est interdit de causer des perturbations quelconques dans le fonctionnement des fils électricques, peu importe qu'il s'agisse de fils à courant de grande ou de faible intensité et qu'ils soient utilisés ou non; ces perturbations

seront punies par les tribunaux ou les commandants militaires allemands.

2. En cas de perturbation causée intentionnellement, il sera prononcé une peine d'emprisonnement d'au moins 3 mois; si la perturbation a mis des vies humaines en danger, il y aura condamnation à un emprisonnement d'un an au moins ou à une peine de travaux forcés.

3. En cas de perturbation causée par négligence, il sera prononcé soit une amende pouvant atteindre 1000 marcs, soit des arrêts moyens ou de rigueur, soit une peine d'emprisonnement de 3 mois au plus.

4. Lorsque les coupables ne sont pas en âge d'être punis, la peine déterminée à l'article 3 sera prononcée contre les parents (père et mère) ou contre les personnes chargées de leur éducation, si la surveillance incombant aux parents ou auxdites personnes s'est trouvée en défaut.

5. En outre, les Gouverneurs rendront responsables les communes sur le territoire desquelles les perturbations auront été causées.

Bruxelles, le 20 janvier 1917.
G. G. III 152/17.

Verordening

betreffende de storingen veroorzaakt in de draadgeleidingen.

De Verordening van 27 Augustus 1915 (Wet- en Verordeningsblad, bl. 922) is opgeheven en vervangen door onderstaande Verordening:

1. Het is verboden eenige storing te veroorzaken in de draadgeleidingen, om het even of het geleidingen zijn voor sterken of voor zwakken stroom en of zij in gebruik zijn of niet; wie zulkdanige storingen veroorzaakt zal gestraft worden door de Duitsche krijgsrechtbanken of krijgsbevelhebber.

2. Ingeval de storing opzettelijk veroorzaakt is, zal niet minder dan 3 maand gevangenisstraf worden uitgesproken; bijaldien ten gevolge van de storing menschenlevens in gevaar zijn gebracht, zal de straf niet minder dan 1 jaar gevangenis of dwangarbeid bedragen.

3. Ingeval de storing aan nalatigheid is toe te schrijven, zal ten hoogste 1000 mark boete of halfstrenge of strenge opsluiting of ten hoogste 3 maanden gevangenis worden uitgesproken.

4. Zijn de daders uit hoofde van hun jeugdigen ouderdom nog niet strafbaar, dan zal de straf, bepaald in artikel 3, tegen de ouders of opvoeders worden uitgesproken, bijaldien deze laatsten verzuimd hebben de noodige waakzaamheid uitteoefenen.

5. Bovendien zullen de Gouverneurs de gemeenten, op wier grondgebied storingen worden veroorzaakt, verantwoordelijk maken.

Brussel, den 20n Januari 1917.
G. G. III 152/17.

2.

BEKANNTMACHUNG.

Mit Zustimmung des Herrm Generalgouverneurs in Belgien habe ich gemäss Verordnung vom 17. Februar 1915 (Gesetz- und Verordnungsblatt für die okkupierten Gebiete Belgiens Nr. 41, vom 20. Februar 1915) über die Bankfirma Baelde & Co. im Brüssel, Regentlaan 12. die Zwangsverwaltung verhängt. Zum Zwangsverwalter habe ich

Herrn Ludwig Hüttlinger

ernannt.

Brüssel, den 20. Januar 1917.
B. A. 22221.

Avis.

Avec l'approbation de Son Excellence le Gouverneur général en Belgique et conformément à l'arrêté du 17 février 1915 (Bulletin officiel des lois et arrêtés pour le territoire belge occupé, n° 41 du 20 février 1915), j'ai mis sous séquestre la banque Baelde & Cie, à Bruxelles, 12, boulevard du Régent. J'ai nommé séquestre

M. Ludwig Hüttlinger.

Bruxelles, le 20 janvier 1917.
B. A. 22221.

Bekendmaking.

Met toestemming van den heer Generalgouverneur in Belgie, heb ik, overeenkomstig de Verordening van 17 Februari 1915 (Wet- en Verordeningsblad voor de bezette streken van Belgie, nr 41 van 20 Februari 1915), het bankhuis Baelde & Co te Brussel, Regentlaan, 12, onder dwangbeheer gesteld en

den heer Ludwig Hüttlinger

tot dwangbeheerder benoemd.

Brussel, den 20n Januari 1917.
B. A. 22221.

No 305. — 29. JANUAR 1917. Pag. 3225.

VERORDNUNG, ***

betreffend Anmeldepflicht und Beschlagnahme der Fertigfabrikate aus Kupfer, Zinn, Nickel und deren Legierungen in Handels- und Gewerbebetrieben.

§ 1. In Ergänzung der Verordnung vom 8. Juli 1916 (Gesetz- und Verordnungsblatt Nr 239) werden sämtliche am 31. Januar 1917 (Stichtag) im Gebiete des General-gouvernements vorhandenen Bestände an nachstehend aufgeführten Gegenständen aus Kupfer, Zinn, Nickel oder deren Legierungen hiermit der Anmeldepflich tunterworfen.

§ 2. VON DER VERORDNUNG BETROFFENE GEGENSTANDE.

D. *Handelsartikel* (*zum Verkauf bestimmt*).

I. Kupferklassen.

Klasse 28. Fertige Armaturen und Apparate für Wasserleitungen, Gasbeleuchtungen und Zentralheizungen sowie deren Zubehörteile, z. B. Ventile, Hähne, Injektoren, Schmierapparate usw.

Klasse 29. Fertige lose Möbel- und Baubeschläge, z. B. Portierenträger, Stangenlager, Treppenstanger-Zubehörteile, Tür- und Fensterbeschläge, Kleiderhaken, Verkleidungen von Heizkörpern, Heizrosetten, Heizklappen und dergleichen.

Klasse 30. Sonstige lose Beschlagteile, z. B. für Sattlerwaren und dergleichen.

Klasse 31. Messinggegenstände für Geschäfts- und sonstige öffentliche Verkaufsräume und Teile dazu, z. B. Schaufenstereinrichtungen, Garderobenständer usw.

Klasse 32. Gewichte, sowie Firmen- und Namenschilder.

Klasse 33. Seidenumhüllte oder gummiumhüllte elektrische Leitungsdrähte.

Klasse 34. Zum Verkauf bestimmte Spezialapparate und Teile dazu für die unter E aufgeführten Betriebe der Klassen 40 bis 49.

II. Zinn- und Nickelklasse.

Klasse 35. Geschirre und Wirtschafsgeräte aus Zinn oder Nickel, z. B. Trinkgefässe, Krüge, Teller, Bierglasdeckel, Syphonköpfe, Reinnickelkochgeschirre und dergleichen, soweit sie nicht schon gemäss Verordnung vom 8. Juli 1916 gemeldet sind.

E. *Im Gebrauch befindliche Gegenstände in Handels- und Gewerbebetrieben und öffentlichen Gebäuden.*

I. Kupferklassen.

Klasse 36. Gewichte.

Klasse 37. Messinggegenstände in Geschäfts-, Ladeneinrichtungen und sonstigen öffentlichen Verkaufsräumen, z. B. Schaufenstereinrichtungen, Garderobenständer, Geländer usw.

Klasse 38. Spezialapparate der Brauereien und Mälzereien, z. B. Maisch- und Sudpflannen samt eingebauten Röhren, Heiz- und Kühlschlangen usw.

Klasse 39. Spezialapparate der Molkereibetriebe, Milchhändler u. Milchverkäufer, z. B. Milchkannen, Milchgefässe usw.

Klasse 40. Spezialapparate der Zuckerfabriken und Glukosefabriken, z. B. Vacuumkochapparate, Zuckerauflösepflannen, Sammelkästen, Heizschlangen und der gleichen.

Klasse 41. Spezialapparate der Destillerien und Hefefabriken, z. B. Destillier- und Rektifiziersäulen, Alambics und dergleichen.

Klasse 42. Spezialapparate zur gewerbsmässigen Herstellung von Schokolade, Biskuits und Bonbons, z. B. offene und Vacuumkochapparate und dergleichen.

Klasse 43. Spezialapparate zur gewerbsmässigen Herstellung von Syrup und Marmelade, z. B. Kochapparate, Sammelkästen, Heizschlangen und dergleichen.

Klasse 44. Spezialapparate zum gewerbsmässigen Färben, Gerben und chemischen Reinigen, z. B. Kochbottiche Schöpflöffel, Heizschlangen und dergleichen.

Klasse 45. Spezialapparate der chemischen Industrie.

Klasse 46. Spezialapparate für die Papierfabrikation z. B. Walzen-Garnituren usw., aber ausschliesslich der Metalltücher.

Klasse 47. Mechanische Ausrüstungsteile von Strassen und Kleinbahnwagen, z. B. Bremskurbeln, Kontrolledeckel, Handgriffe, Schutzstangen usw.

Klasse 48. Mutterplatten, Galvanos, Tiefdruckwalzen- und Platten, Aetzplatten, Messinglinien und dergleichen für das graphische Gewerbe, Steindruckereien, Tapetendruckereien und Zeugdruckereien.

II. Zinn- und Nickelklasse.

Klasse 49. Im Gebrauch befindliche Geschirre und Wirtschaftsgeräte aus Zinn und Nickel in Handels- und Gewerbebetrieben (auch im Schank- und Gastwirtschaft und Hotelgewerbe), z. B. Trinkgefässe, Krüge, Teller, Bierglasdeckel, Syphonköpfe, Reinnickelkochgeschirre und dergleichen, soweit sie nicht schon gemäss Verordnung vom 8. Juli 1916 gemeldet sind.

Der Anmeldepflicht unterliegen auch diejenigen Gegenstände aus Kupfer, Zinn, Nickel oder Legierungen, die mit einem Ueberzug (Metall) Lack, Farbe under dergleichen versehen sind.

Ausgenommen sind mit Kupfer, Messing und Zinn überzogene (z. B. galvanisch) und plattierte Gegenstände, die aus Eisen oder einem anderen Metall als dem genannten Metall hergestellt sind. Ferner sind ausgenommen mit Silber und Gold überzogene Gegenstände.

Als im Gebrauch befindlich gelten sämtliche vorgenannten Gegenstände auch dann, wenn sie zeitweise ausser Gebrauch sind.

§ 3. VON DER VERORDNUNG BETROFFENENE PERSONEN.

Von dieser Verordnung werden betroffen alle natürlichen und juristischen Personen, Gesellschaften, Verbände und Vereinigungen privatrechtlicher oder öffentlichrechtlicher Natur, in deren Handels- und Gewerbebetrieben oder auf deren Grunstücken die in § 2 aufgeführten Gegenstände vorhanden sind, die solche Gegenstände anderweitig in Gewahrsam haben oder bei denen sich solche Gegenstände unter Zollaufsicht befinden. Bei Vorräten, die in fremden Speichern, Lagerräumen und anderen Aufbewahrungsräumen lagern, sind, falls der Verfügungsberechtigte seine Vorräte nicht unter eigene Verschluss hält, die Inhaber der betreffenden Aufbewahrungsräume für die Befolgung der Verordnung verantwortlich.

Zur Anmeldung verpflichtet sind insbesondere auch staatliche, kirchliche und gemeindliche Betriebe. Die Anmeldepflicht trifft in diesem Falle die derzeitigen Leiter der betreffenden Betriebe; werden Betriebe von deutschen Militär- oder Zivilbehörden oder von Angehörigen dieser Behörden geleitet, so sind diese zur Anmeldung verpflichtet.

Ausgenommen von der Anmeldepflicht sind die Betriebe der Militär-General-Direktion der Eisenbahnen und der Deutschen Post- und Telegraphenverwaltung.

Hinsichtlich der von ihren Eigentümern oder Bewohnern verlassenen oder nicht bewohnten Gebäude, Fabriken und dergleichen sind die Gemeindebehörden für die Anmeldung verantwortlich.

Die Ortskommandanturen sind berechtigt, den Gemeinden in dieser Beziehuhg nähere Anweisung zu erteilen.

§ 4. BESCHLAGNAHME.

Sämtliche nach § 2 der Anmeldepflicht unterliegenden Gegenstände werden hiermit beschlagnahmt.

Sie dürfen nur an die Zentral-Einkaufs-Gesellschaft für Belgien m. b. H. in Brüssel verkauft werden.

Alle sonstigen rechtsgeschäftlichen Verfügungen über die von der Verordnung bertoffenen Gegenstände, sowie jegliche Besitzveränderung, Verarbeitung oder andere Veränderungen an ihnen sind untersagt, mit Ausnahme der einstwilligen ordnungsmässigen Weiterbenutzung der in Gebrauch befindlichen Gegenstände.

Die in § 3 genannten Personen, Behörden, Gesellschaften usw. sind für die Erhaltung und Sicherstellung der von der Verordnung betroffenen Gegenstände verantwortlich. Jede Beiseiteschaffung ist verboten.

Die Abteilung für Handel und Gewerbe kann auf schriftlichen Antrag in besonderen Fällen weitere Ausnahmen von dem Verbot des Absatz 3 gewähren.

§ 5. MELDEPFLICHT.

Die Bestandsmeldungen sind auf vorgedruckten Meldekarten bis spätestens 15. Februar 1917 den Orts- oder Abschnittskommandanturen oder den von diesen bezeichneten Stellen einzureichen, bei welchen auch die Vordrucke ausgegeben werden. Massgebend für die Meldung ist der Bestand am Stichtage (§ 1).

Die Bestände sind nach ihrem Nettogewicht in Kg und getrennt nach den auf der Meldekarte vorgedruckten Metallarten anzugeben. Ist die Ermittlung des Gewichtes mit besonderen Schwierigkeiten verbunden, wie z. B. bei festeingebauten Metallteilen, so genügt eine gewissenhafte Schätzung des Gewichtes.

§ 6. AUSBAU- UND ABLIEFERUNGSPFLICHT.

Die dieser Verordnung unterliegenden bis zu dem 1. März 1917 nicht freiwilig an die Zentral-Einkaufs-Geschellschaft verkauften Gegenstände können von diesem Zeitpunkt an durch das Generalgouvernement Sektion K. R. enteignet werden und müssen alsdann auf Aufforderung der Abteilung für Handel und Gewerbe von dem Besitzer innerhalb bestimmter Fristen ausgebaut und abgeliefert werden. Die Enteignung, sowie die Aufforderung zum Ausbau und zur Ablieferung kann durch allgemeine Anordnung hinsichtlich bestimmter Industriezweige oder Betriebe, insbesondere auch für einzelne Landesteile erfolgen.

Die Verpflichtung zum Ausbau und zur Ablieferung trifft die nach § 3 zur Meldung verpflichteten Personen.

Im Enteignungsfall erhält der Ablieferer einen Empfangsschein ; die Festsetzung der Entschädigung erfolgt durch die Reichsentschädigungskommission nach den bestehenden Grundsätzen.

§ 7. ZWANGSWEISE WEGNAHME.

Falls die unter die Verordnung fallenden Gegenstände nicht oder nicht rechtzeitig angemeldet (§ 5), ausgebaut oder abgeliefert (§ 6) werden, kann unbeschadet der strafrechtlichen Verfolgung nach § 10 der zwangsweise Ausbau und die zwangsweise Wegnahme auf Kosten des Besitzers zu Gunsten der deutschen Heeresverwaltung erfolgen.

Zu diesem Zwecke können Haussuchungen stattfinden

Im Falle des zwangsweisen Ausbaus und der Wegnahme wird keinerlei Entschädigung gewährt.

§ 8. AUFRECHTERHALTUNG FRUEHER ERGANGENER MILITAERISCHER ANORDNUNGEN.

Anordnungen militärischer Behörden im Gebiete des Generalgouvernements, durch welche vor dem Inkrafttreten dieser Verordnung in einzelnen Fällen der Ausbau und die Ablieferung von unter diese Verordnung fallenden Gegenständen verfügt wurde, bleiben unberührt; insbesondere werden hierbei gesetzte Fristen durch diese Verordnung nicht betroffen.

§ 9. AUSFUEHRUNGSVORSCHRIFTEN.

Der Verwaltungschef bei dem Generalgouverneur, Abteilung für Handel und Gewerbe ist ermächtigt, allgemeine und besondere Ausführungsvorschriften zu dieser Verordnung, sowie für Ausbau und Ablieferung der von dieser Verordnung betroffenen Gegenstände zu erlassen; insbesondere können zum Zweck der Durchführung der Verordnung Betriebsänderungen für die Industrie, z. B. die Zusammenlegung der in § 2 genannten Betriebe angeordnet werden.

§ 10. STRAFVORSCHRIFTEN.

Mit Gefängnis bis zu 5 Jahren und mit Geldstrafe bis zu 50 000 Mark oder mit einer dieser Strafen wird bestraft, wer den Vorschriften dieser Verordnung oder der allgemeinen oder besonderen auf Grund dieser Verordnung ergehenden Ausführungsvorschriften, Vollzugsanweisungen oder Verfügungen vorsätzlich oder grobfahrlässig zuwiderhandelt. In gleicher Weise wird bestraft, wer zu Zuwiderhandlungen gegen die Verordnung und ihre Vorschriften auffordert oder aufreizt, sofern nach den allgemeinen Strafgesetzen nicht schärfere Strafen verwirkt sind. Der Versuch ist strafbar.

Zuständig sind die deutschen Militärgerichte und Militärsbefehlshaber.

Brüssel, den 30. Dezember 1916.

C. C. IV*a* 24446.

Arrêté ***

concernant l'obligation de déclarer les produits achevés en cuivre, étain, nickel ou en un alliage de ces métaux, se trouvant dans les exploitations commerciales et industrielles, et la saisie de ces produits.

§ 1er. Comme suite à l'arrêté du 8 juillet 1916 (Bulletin officiel des lois et arrêtés, no 239), tous les stocks des objets désignés ci-après, en cuivre, étain, nickel ou en un alliage de ces métaux, se trouvant à la date du 31 janvier 1917 (jour du relevé) dans le territoire du Gouvernement général, doivent être déclarés.

§ 2. OBJETS VISÉS PAR LE PRÉSENT ARRÊTÉ.

D. *Objet de commerce (destinés à la vente).*

I. Classes relatives au cuivre.

Classe 28. Garnitures achevées et appareils pour conduites d'eau, éclairage au gaz et chauffage central, ainsi que leurs accessoires, par exemple les soupapes, robinets, injecteurs, appareils de graissage, etc.

Classe 29. Garnitures achevées, mobiles, de meubles

et bâtiments, par exemple les porte-rideaux, supports de tringles, accessoires de tringles d'escalier, garnitures de portes et fenêtres; porte-manteaux, revêtements d'appareils de chauffage, rosaces et clapets de chauffage, etc.

Classe 30. Toutes autres pièces détachées, par exemple pour sellerie et articles similaires.

Classe 31. Objets en laiton pour magasins et autres lieux de vente publique, ainsi que leurs accessoires, par exemple les garnitures d'étalage, porte-garde-robe, etc.

Classe 32. Poids, ainsi que plaques indicatrices de maisons de commerce ou de noms.

Classe 33. Fils électriques avec isolation de soie ou de caoutchouc.

Classe 34. Appareils spéciaux et accessoires, destinés à la vente, pour les industries des classes 40 à 49 inclusivement, citées sous la lettre E.

II. Classe relative à l'étain et au nickel.

Classe 35. Batteries de cuisine, vaisselle et objets de ménage en étain ou nickel, par exemple les gobelets, cruchons, assiettes, couvercles de verres à bière, têtes de syphons, batteries de cuisine en nickel pur, et autres objets similaires, pour autant qu'ils ne soient pas déjà déclarés en vertu de l'arrêté du 8 juillet 1916.

E. *Objets en usage dans les exploitations commerciales et industrielles et dans les bâtiments publics.*

I. Classes relatives au cuivre.

Classe 36. Poids.

Classe 37. Objets en laiton dans les installations de commerce, magasins de vente et autres locaux de vente publique, par exemple les installations d'étalage, porte-garde-robe, garde-corps, etc.

Classe 38. Appareils spéciaux pour brasseries et malteries, par exemple les chaudières à maischer et à brasser, y compris la tuyauterie encastrée dans la maçonnerie, les serpentins de chauffage et de réfrigération, etc.

Classe 39. Appareils spéciaux pour laiteries, vendeurs et marchands de lait, par exemple les cruches et récipients à lait, etc.

Classe 40. Appareils spéciaux pour sucreries et glucoseries, par exemple les appareils à cuire dans le vide, bassines à dissoudre le sucre, réservoirs, serpentins de chauffage et autres objets similaires.

Classe 41. Appareils spéciaux pour distilleries et fabriques de levure, par exemple les colonnes à distiller et à rectifier, alambics, et autres objets similaires.

Classe 42. Appareils spéciaux pour la production industrielle de chocolats, biscuits, confiseries, par exemple les appareils à cuire ouverts et les appareils à cuire dans le vide, et autres similaires.

Classe 43. Appareils spéciaux pour la production industrielle de sirops et marmelades, par exemple les appareils à cuire, réservoirs, serpentins de chauffage, et autres objets similaires.

Classe 44. Appareils spéciaux pour l'industrie de teinturerie, de tannerie et de nettoyage chimique, par exemple les bassines à cuire, cuillères, serpentins de chauffage, et autres objets similaires.

Classe 45. Appareils spéciaux pour l'industrie chimique.

Classe 46. Appareils spéciaux pour la fabrication du papier, par exemple les garnitures de cylindres, etc., mais à l'exclusion des toiles métalliques.

Classe 47. Armatures mécaniques de voitures de tramways et de chemins de fer vicinaux, par exemple les manivelles de frein, couvercles de controller, poignées, gardecorps, etc.

Classe 48. Matrices, galvanos, cylindres et plaques à

imprimer, clichés à gravure chimique, caractères en laiton, et autres objets similaires, pour l'industrie graphique, les lithographies, les imprimeries de papiers et d'étoffes.

II. Classe relative à l'étain et au nickel.

Classe 49. Batteries de cuisine, vaisselle et objets de ménage en étain et en nickel, en usage dans les exploitations commercciales et industrielles (y compris les cafés, cafés restaurants et hôtels), par exemple les gobelets, cruchons, assiettes, couvercles de verres à bière, têtes de syphons, batteries de cuisine en nickel pur, et autres objets similaires, pour autant qu'ils ne soient pas déjà déclarés en vertu de l'arrêté du 8 juillet 1916.

Doivent, en outre, être déclarés les objets en cuivre, étain, nickel ou en un alliage de ces métaux, recouverts d'un autre métal ou d'un enduit de vernis, de couleur, etc.

Sont exceptés les objets en fer ou d'un autre métal que le cuivre, le laiton ou l'étain, galvanisés ou doublés d'un de ces trois derneirs métaux. Sont, en outre, exceptés les objets argentés ou dorés.

Tous les objets susmentionnés sont considérés comme étant en usage, même s'ils se trouvent temporairement hors d'usage.

§ 3. PERSONNES TOMBANT SOUS L'APPLICATION DE L'ARRÊTÉ.

Le présent arrêté s'applique à toutes les personnes physiques ou civiles et sociétés, associations ou corporations de droit privé ou public qui ont dans leurs exploitations commerciales et industrielles ou sur leurs fonds des objets désignés au § 2, qui détiennent de tels objets ailleurs ou chez lesquelles de tels objets sont placés sous le contrôle de la douane. Lorsque les stocks se trouvent dans des magasins, dépôts ou autres lieux de conservation appartenant à autrui et que la personne ayant le droit de disposer de ces stocks ne les détient pas sous clé, les propriétaires desdits locaux sont responsables de l'observation de l'arrêté.

La déclaration est également exigée des exploitations de l'Etat, du culte et des communes. Dans ce cas, elle incombe aux directeurs actuels des exploitations; lorsque des exploitations sont dirigées par des autorités militaires ou civiles allemandes ou leurs fonctionnaires et employés, c'est à ces autorités, fonctionnaires ou employés qu'il appartient de faire la déclaration.

Sont exemptées de l'obligation de déclarer, les exploitations de la Direction générale militaire des chemins de der (Militär-General-Direktion der Eisenbahnen) et de l'Administration allemande des postes et des télégraphes (Deutsche Post- und Telegraphenverwaltung).

Les administrations communales sont responsables de la déclaration en ce qui concerne les bâtiments, fabriques etc., abandonnés par leurs propriétaires ou habitants ou bien inoccupés. Les „Kommandanturen" locales sont autorisées à donner aux communes des instructions complémentaires à ce sujet.

§ 4. SAISIE.

Tous les objets qui doivent être déclarés ensuite du § 2, sont saisis en vertu du présent arrêté.

Ils ne peuvent être vendus qu' à la „Zentral-Einkaufs-Gesellschaft für Belgien m. b. H." à Bruxelles.

Toute autre disposition juridique sur les objets tombant sous l'application de l'arrêté est interdite, de même qu'il est défendu de les faire changer de propriétaire, de les travailler ou d'y apporter une modification quelconque, sauf que l'on peut continuer provisoirement à utiliser d'une façon régulière les objets en usage.

Les personnes, autorités, sociétés, etc. visées par le § 3, sont responsable de la bonne conservation des objets tombant sous l'application du présent arrêté. Il est défendu de cacher ces objets en vue de les soustraire à l'application de l'arrêté.

Dans des cas spéciaux, la Section du commerce et de l'industrie (Abteilung für Handel und Gewerbe) est autorisée à consentir d'autres exceptions à la défense formulée au § 3, si la demande lui en est faite par écrit.

§ 5. OBLIGATION DE DÉCLARER.

Les déclarations des stocks, formiulées sur des „feuilles de déclaration" (Meldekarten), doivent être introduites, au plus tard le 15 février 1917, auprès de l'autorité compétente („Ortskommandantur" ou „Abschnittskommandantur") ou aux endroits à désigner par elle, où se délivreront également les formules nécessaires. La déclaration portera sur les stocks existant au jour du relevé (§ 1er).

Les stocks doivent être déclarés d'après le poids net en kilogrammes et faire l'objet d'indications distinctes suivant les diverses espèces de métal mentionnées à la feuille de déclaration. S'il est très difficile de déterminer le poids (par exemple, lorsqu'il s'agit de parties métalliques maçonnées ou encastrées), il suffira d'évaluer consciencieusement ce poids.

§ 6. OBLIGATION DE DÉMONTER ET DE LIVRER LES OBJETS.

Les objets tombant sous l'application du présent arrêté qui, le 1er mars 1917, n'auront pas été vendus de bon gré à la „Zentral-Einkaufs-Gesellschaft", pourront être expropriès à partir de cette date par le Gouvernement général (Sektion K. R.); dans ce cas, ils devront sur réquisition de la Section du commerce et de l'industrie, être démontés et livrés par le possesseur dans un délai à fixer. L'expropriation ainsi que la réquisition de démonter et de livrer pourront avoir lieu par mesure générale pour certaines branches d'industrie ou exploitations déterminées ou encore pour certaines régions du pays.

L'obligation de démonter et de livrer s'applique aux personnes pour lesquelles la déclaration est obligatoire en vertu du § 3.

En cas d'expropriation, le livreur reçoit un reçu; l'indemnité est fixée par la Commission impériale pour le règlement des indemnités (Reichsentschädigungskommission), conformément aux règles en vigueur.

§ 7. ENLÈVEMENT PAR CONTRAINTE.

Si les objets tombant sous l'application du présent arrêté ne sont pas déclarés (§), démontés ou livrés (§ 6), ou s'ils ne le sont pas à temps, il pourra être procédé, en faveur de l'Administration militaire allemande (Deutsche Heeresverwaltung), aux frais du possesseur, au démontage par contrainte et à l'enlèvement par contrainte, sans préjudice des poursuites judiciaires prévues au § 10.

Dans ce but, des perquisitions domiciliaires pourront être opérées.

En cas de démontage et d'enlèvement par contrainte, aucune indemnité n'est accordée.

§ 8. MAINTIEN EN VIGUEUR DES ORDRES MILITAIRES PUBLIÉS ANTÉRIEUREMENT.

Le présent arrêté ne modifie en rien les ordres publiés antérieurement par les aurorités militaires établies dans le territoire du Gouvernement général, en vertu desquels dans certains cas spéciaux, le démontage et la livraison d'objets tombant sous l'application du présent arrêté ont été prescrits avant l'entrée en vigueur de cet arrêté; tel est le cas, notamment, pour les délais fixés par ces ordres.

§ 9. DISPOSITIONS RÉGLEMENTAIRES.

Le Chef de l'administration civile (Verwaltungschef) près le Gouverneur général, Section du commerce et de l'industrie, est autorisé à publier des dispositions réglementaires d'ordre général ou spécial au sujet du présent arrêté, de même qu'en ce qui concerne le démontage et la livraison des objets tombant sous l'application de cet arrêté; il pourra notamment, en vue de l'application de l'arrêté, prescrire des changements d'exploitation dans l'industrie par exemple la fusion des exploitations désignées au § 2.

§ 10. DISPOSITIONS PÉNALES.

Sera puni soit d'un emprisonnement de 5 ans au plus et d'une amende pouvant atteindre 50,000 marcs, soit de l'une de ces deux peines à l'exclusion de l'autre, quiconque, intentionnellement ou par grave négligence, aura enfreint les prescriptions du présent arrêté ou bien les dispositions réglementaires, instructions complémentaires ou autres arrêtés auquel il donnera lieu. Sera puni de même, quiconque aura engagé ou incité des tiers à enfreindre le présent arrêté ou les prescriptions subséquentes y relatives, à moins que des peines plus élevées ne soient prévues par les lois pénales générales. Toute tentative d'infraction est punissable.

Les tribunaux et commandants militaires allemands ont compétence pour juger les dites infractions.

Bruxelles, le 30 décembre 1916.
C. C. IV*a* 24446.

Verordening ***

betreffende de verplichting tot aangifte en de inbeslagneming van de afgewerkte voortbrengselen, uit koper, tin, nikkel of uit een legeering van deze metalen in handels- en nijverheidsbedrijven.

§ *1. Ter aanvulling der Verordening van 8 Juli 1916 (Wet- en Verordeningsblad, Nr. 239), moeten al de stapels van de hieronder opgesomde voorwerpen uit koper, tin, nikkel of uit een legeering van deze metalen, die op 31 Januari 1917 (proefdag) binnen het gebied van het Generalgouvernement voorhanden zijn, worden aangegeven.*

§ *2. VOORWERPEN, DIE ONDER TOEPASSING DEZER VERORDENING VALLEN.*

D. Handelsartikelen (bestemd voor den verkoop).

I. Koperklassen.

Klasse 28. Afgewerkte garnituren en toestellen voor waterleidingen, gasverlichting en centrale verwarming, evenals deze onderdeelen, b. v.: kleppen, kranen, inspuiters, smeertoestellen, enz.

Klasse 29. Afgewerkte losse belegsels voor meubels en gebouwen, b. v.: gordijndragers, stangdragers, onderdeelen van trapstangen, belegsels voor deuren en vensters; kapstokken, overtrekken van verwarmingstoestellen, verwarmingsrozetten, -kleppen en dergelijke voorwerpen.

Klasse 30. Alle andere losse stukken, die als belegsels worden gebruikt, b. v.: voor zadelwerken en dergelijke artikelen.

Klasse 31. Voorwerpen uit geelkoper voor zaken- en andere openbare verkooplokalen, evenals de onderdeelen daarvan, b. v.: inrichtingen voor uitstalramen, kleederstaanders, enz.

Klasse 32. Gewichten, evenals uithang- en naamborden.

Klasse 33. Elektrische geleidingsdraden met zijde- of rekgomomhulsel.

Klasse 34. Voor den verkoop bestemde bijzondere toestellen en onderdeelen voor de nijverheden, waarvan sprake onder de klassen 40 tot en met 49, opgesomd onder letter E.

II. Tin- en Nikkelklasse.

Klasse 35. Keukengerief en huishoudelijke gereedschappen uit tin of uit nikkel, b. v.: drinkvaten, kruiken, tafelborden (teljoren), deksels van bierglazen, syphonkoppen, keukengerief uit zuiver nikkel en andere dergelijke voorwerpen, zoover zij niet reeds overeenkomstig de Verordening van 8 Juli 1916 zijn aangegeven.

E. Voorwerpen, die in handels- en nijverheidsbedrijven of in openbare gebouwen in gebruik zijn.

I. Koperklassen.

Klasse 36. Gewichten.

Klasse 37. Voorwerpen uit geelkoper in zakenlokalen, winkels en andere openbare verkooplokalen, b. v.: inrichtingen voor uitstalramen, kleederstaanders, leuningen enz.

Klasse 38. Bijzondere toestellen voor brouwerijen, mouterijen, b. v.: mout- en brouwketels, met inbegrip van de ingebouwde pijpen, verwarmings- en afkoelslangen, enz.

Klasse 39. Bijzondere toestellen voor melkerijen, melkhandelaars en -verkoopers, b. v.: melkkruiken, melkvaten, enz.

Klasse 40. Bijzondere toestellen voor suiker- en glukosefabrieken, b. v.: vacuumkooktoestellen, bekkens voor het oplossen van suiker, vergaarbakken, verwarmingsslangen en dergelijke voorwerpen.

Klasse 41. Bijzondere toestellen voor slijterijen en gistfabrieken, b. v.: distilleer- en overhaalzuilen, distilleerkolven en dergelijke voorwerpen.

Klasse 42. Bijzondere toestellen voor het vervaardigen van chokolade, beschuiten en suikergoed in de nijverheid, b. v.: open- en vacuumkooktoestellen en dergelijke voorwerpen.

Klasse 43. Bijzondere toestellen voor het vervaardigen van siroop en gelei in de nijverheid, b. v.: kooktoestellen, vergaarbakken, verwarmingsslangen en dergelijke voorwerpen.

Klasse 44. Bijzondere toestellen voor het verwen, looien en scheikundig reinigen in de nijverheid, b. v.: kookbekkens, scheplepels, verwarmingsslangen en dergelijke voorwerpen.

Klasse 45. Bijzondere toestellen voor de scheikundige nijverheid.

Klasse 46. Bijzondere toestellen voor het vervaardigen van papier, b. v.: belegsels van cylinders, enz., doch zonder het metallisch doek.

Klasse 47. Mekanische uitrustingsdeelen der tramwagens en der wagena van buurtspoorwegen, b. v.: remkrukken, kontroolplaten, handvatten, leuningen, enz.

Klasse 48. Matrijzen, galvano's, diepdrukrollen en platen, etsplaten, geelkoperen letters en dergelijke voorwerpen voor de graphische nijverheid, de steendrukkerijen, de behangpapier- en doekdrukkerijen.

II. Tin- en Nikkelklasse.

Klasse 49. In gebruik zijnde keukengerief en huishoudelijke gereedschappen uit tin en nikkel in handels- en nijverheidsbedrijven (ook in koffiehuizen, spijshuizen en hotels), b. v.: drinkvaten, kruiken, tafelborden (teljoren), deksels van bierglazen, syphonkoppen, kookgerief uit zuiver nikkel en dergelijke voorwerpen, zoover zij niet reeds overeenkomstig de Verordening van 8 Juli 1916 zijn aangegeven.

De voorwerpen uit koper, tin, nikkel of uit een legeering van deze metalen en die hetzij met een ander metaal, hetzij met een laag vernis, verf, enz. overtrokken zijn, moeten eveneens worden aangegeven.

Van de verplichting tot aangifte zijn uitgezonderd de van ijzer of van een ander metaal dan koper, geelkoper of tin vervaardigde en met koper, geelkoper of tin (b. v. galvanisch) overtrokken of geplatteerde voorwerpen. Met zilver of goud overtrokken voorwerpen zijn eveneens uitgezonderd.

Al de hiervoren opgesomde voorwerpen worden beschouwd als zijnde in gebruik, ook wanneer zij tijdelijk buiten gebruik zijn.

§ 3. PERSONEN, DIE ONDER TOEPASSING DEZER VERORDENING VALLEN.

Onder toepassing dezer Verordening vallen alle natuurlijke en rechtspersonen, vennootschappen, lichamen en vereenigingen van privaatrechtelijke of openbaarrechtelijke natuur, in wier handels- of nijverheidsbedrijven of op wier grond de in § 2 opgesomde voorwerpen voorhanden zijn, die zulke voorwerpen elders in bewaring hebben of bij wie zulke voorwerpen zich onder toltoezicht bevinden. Voor stapels, die in vreemde magazijnen, pakhuizen en andere bergplaatsen liggen, zijn de bezitters der betreffende bewaarplaatsen verantwoordelijk voor het nakomen der Verordening, bijaldien hij die gerechtigd is over de stapels te beschikken, deze niet zelf onder slot houdt.

Staats-, kerkelijke en gemeentebedrijven zijn inzonderheid ook verplicht aangifte te doen. De tegenwoordige lei-

ders van deze bedrijven zijn in dit geval gehouden de betreffende aangifte te doen; voor bedrijven, die door Duitsche militaire of burgerlijke overheden, of door aangestelden van deze overheden geleid worden, zijn bedoelde overheden of aangestelden gehouden de betreffende aangifte te doen.

Van de verplichting tot aangifte uitgezonderd zijn de bedrijven van het Algemeen Militair Bestuur der Spoorwegen (Militär-General-Direktion der Eisenbahnen) *en van het Duitsch beheer van Posterijen en Telegrafen* (Deutsche Post- und Telegraphenverwaltung).

Wat betreft de gebouwen, fabrieken en dergelijke inrichtingen, die door hun eigenaars of bewoners verlaten zijn of niet bewoond worden, zijn de gemeentebesturen verantwoordelijk voor de betreffende aangifte. De plaatselijke kommandanturen (Ortskommandanturen) zijn gerechtigd, de gemeenten in dezen nadere onderrichtingen te geven.

§ 4. INBESLAGNEMING.

Al de voorwerpen, die overeenkomstig § 2 moeten worden aangegeven, zijn hierbij in beslag genomen.

Zij mogen alleen verkocht worden aan de „Zentral-Einkaufs-Gesellschaft für Belgien m. b. H." te Brussel.

Alle andere rechtszakelijke beschikkingen over de onder toepassing der Verordening vallende voorwerpen, evenals elke verandering van bezit, verwerking of andere wijziging derzelve zijn verboden; de in gebruik zijnde voorwerpen mogen evenwel verder op regelmatige wijze worden gebruikt.

De in § 3 genoemde personen, overheden, vennootschappen, enz. zijn verantwoordelijk voor de goede bewaring en het ter beschikking houden van de voorwerpen, die onder toepassing der Verordening vallen. Het is verboden bedoelde voorwerpen op eenige wijze te verbergen.

De afdeeling voor Handel en nijverheid kan, op schriftelijke aanvraag, in bijzondere gevallen verdere uitzonderingen toelaten op het verbod van het 3e lid.

§ 5. VERPLICHTING TOT AANGIFTE.

De aangiften der stapels moeten, op de daartoe bestemde kaarten van aangifte (Meldekarten), ten laatste op 15 Februari 1917 worden ingediend bij de „Orts-" of „Abschnittskommandanturen" of op de door deze laatsten aangewezen kantoren, waar ook de formulieren voor de kaarten van aangifte verkrijgbaar zijn gesteld. Tot maatstaf voor de aangifte dient de stapel, zooals hij op den proefdag (§ 1) is.

De stapels moeten aangegeven worden in kilogram nettogewicht en gerangschikt volgens de metaalsoorten, zooals die op de kaarten van aangifte opgesomd staan. Gaat het vaststellen van het gewicht met bijzondere moeilijkheden gepaard, zooals b. v. voor ingemetselde metalen deelen, dan volstaat een gewetensvolle schatting van het gewicht.

§ 6. LOSMAKING EN AFLEVERINGSVERPLICHTING.

De voorwerpen die onder toepassing vallen van deze Verordening en die ten laatste op 1 Maart 1917 niet vrijwillig verkocht zijn aan de Zentral-Einkaufs-Gesellschaft", kunnen van dit tijdstip af door het „Generalgouvernement Sektion K. R." onteigend worden. In dit laatste geval moet de bezitter ze, op bevel van de afdeeling voor handel en nijverheid, binnen de daartoe vastgestelde termijnen losmaken en afleveren. Tot de onteigening, alsook tot het bevel om bedoelde voorwerpen los te maken en af te leveren, kan worden overgegaan krachtens een algemeene schikking, uitgevaardigd met het oog op bepaalde nijverheidstakken of bedrijven inzonderheid ook voor zekere landstreken.

De personen, die overeenkomstig § 3 gehouden zijn aangifte te doen, zijn aan de verplichting tot losmaken en afleveren onderworpen.

Ingeval de voorwerpen onteigend worden, bekomt de afleveraar een ontvangstbewijs ; de Rijkskommissie tot regeling der schadeloosstellingen (Reichsentschädigungskommission) stelt, volgens de bestaande grondregels, de schadeloosstelling vast.

§ 7. AFHALING DOOR DWANG.

Worden de vorwerpen, die onder toepassing vallen van deze Verordening, niet of niet bijtijds aangegeven (§ 5), losgemaakt of afgeleverd (§ 6), zoo kan, buiten de strafrechtelijke vervolging overeenkomstig § 10, worden overgegaan tot de losmaking en de afhaling door dwang ten koste van den bezitter en ten bate van het Duitsch legerbestuur.

Te dien einde kunnen huiszoekingen worden gedaan.

In geval van losmaking door dwang en van afhaling, wordt hoegenaamd geen schadeloosstelling toegekend.

§ 8. VOORTBESTAAN VAN VROEGER DOOR KRIJGSOVERHEDEN UITGEVAARDIGDE SCHIKKINGEN.

Schikkingen van krijgsoverheden binnen het gebied van het Generalgouvernement, waarbij voor het van kracht worden dezer Verordening, in zekere gevallen het losmaken en het afleveren van voorwerpen werd bevolen, die onder toepassing vallen van deze Verordening, ondergaan hierdoor geen wijziging ; inzonderheid blijven de hiervoren bedoelde schikkingen vastgestelde termijnen door deze Verordening onaangeroerd.

§ 9. UITVOERINGSVOORSCHRIFTEN.

Het Hoofd van het burgerlijk bestuur (Verwaltungs-

chef) bij den Generalgouverneur, afdeeling voor handel en nijverheid, is gemachtigd, algemeene en bijzondere uitvoeringsvoorschriften tot deze Verordening, alsook betrekkelijk het losmaken en het afleveren van voorwerpen, die onder toepassing vallen van deze Verordening, uit te vaardigen. Inzonderheid kunnen met het oog op de doorvoering van deze Verordening, bedrijfsveranderingen in de nijverheid, b. v. samenvoeging van de in § 2 opgesomde bedrijven, worden bevolen.

§ 10. STRAFBEPALINGEN.

Wie de voorschriften van deze Verordening of de krachtens deze Verordening uitgevaardigde algemeene of bijzondere uitvoeringsvoorschriften, doorvoeringsbevelen of beschikkingen opzettelijk of uit grove nalatigheid overtreedt, wordt gestraft met ten hoogste 5 jaar gevangenis en met ten hoogste 50.000 mark boete of met een van deze beide straffen. Wie tot overtreding van deze Verordening en van haar voorschriften uitnoodigt of aanzet, wordt, zoover volgens de algemeene strafwetten geen zwaardere straffen voorzien zijn, op dezelfde wijze gestraft. De poging tot overtreden is strafbaar.

De krijgsrechtbanken en krijgsbevelhebbers zijn tot oordeelvellen bevoegd.

Brussel, den 30n December 1916.
C. C. IVa 24446.

No 306. — 1. FEBRUAR 1917. (Nihil.)

No 307. — 4. FEBRUAR 1917. Pag. 3245.

VERORDNUNG.

Die im November d. Js. fällig gewesenen Gewerbegerichtswahlen (Artikel 104 des Gewerbegerichts-Gesetzes vom 15. Mai 1910) finden nicht statt.

Die Mandate derjenigen Berufungsräte und ihrer Stellvertreter, die nach erfolgter Erneuerungswahl auszuscheiden hätten, werden bis auf weiters verlängert.

Brüssel, den 9. Dezember 1916.
C. C. IVa 20411.

Arrêté.

Les élections pour les conseils de prud'hommes qui devaient se tenir au mois de novembre dernier (art. 104 de la loi sur les conseils de prud'hommes du 15 mai 1910) n'auront pas lieu.

Les mandats des conseillers effectifs et des conseillers suppléants d'appel qui devaient expirer après les nouvelles élections, sont prolongés jusqu' à nouvel ordre.

Bruxelles, le 9 décembre 1916.
C. C. IV*a* 20411.

Verordening.

De verkiezingen voor de werkrechtersraden, die in November haden moeten plaats hebben (Artikel 104 van de wet van 15 Mei 1910, betreffende de werkrechtersraden), zullen niet gehouden worden.

De mandaten van de werkelijke en de plaatsvervangende leden van den raad van beroep, die zouden vervallen zijn ingeval de herkiezing had plaats gehad, zijn tot nader bericht verlengd.

Brussel, den 9n December 1916.
C. C. IVa 20411.

VERFÜGUNG.

Auf Grund der Verordnung über die Unterrichtssprache an der Universität Gent vom 15./17. März 1916 bestimme ich folgendes.

Einziger Artikel.

Die Vorlesungen über neuere Fremdsprachen und deren Literatur können nach dem Ermessen der jeweiligen Professoren und Dozenten in vlämischer (niederländischer) oder in der betreffenden Fremdsprache gehalten werden.

Brüssel, den 24. Januar 1917.
C. C. IIIb 1409.

Arrêté.

En vertu de l'arrêté du 15/17 mars 1916 concernant la langue véhiculaire de l'université de Gand, j'arrête ce qui suit:

Article unique.

Les leçons de langues vivantes étrangères et de leurs littératures pourront être données, selon l'avis des professeurs et des chargés de cours intéressés, soit en flamand (néerlandais), soit dans la langue même qui fait l'objet du cours.

Bruxelles, le 24 janvier 1917.
C. C. III*b* 1409.

Beschikking.

Op grond van de Verordening van 15/17 Maart 1916,

betreffende de voertaal aan de hoogeschool te Gent, bepaal ik het navolgende :

Eenig artikel.

De lessen in de vreemde levende talen en in de letterkunde dezer talen mogen, naar het oordeel van de betrefende professoren en docenten hetzij in het Vlaamsch (Nederlandsch) hetzij in de in aanmerking komende vreemde talen zelf gegeven worden.

Brussel, den 24n Januari 1917.
C. C. IIIb 1409.

No. 308. — 6. FEBRUAR. 1917 Pag. 3251

VERORDNUNG, ***

betreffend die Festsetzung eines Ausdruchstermins für Oelsaaten.

Die noch nicht ausgedroschenen Oelsaaten sind bis zum 25. Februar 1917 auszudreschen. Ausnahmen können durch die Oelzentrale bewilligt werden.

Zuwiderhandlungen gegen diese Verordnung werden mit Geldstrafe bis zu 10 000 M. und mit Gefängnis bis zu 6 Monaten oder mit einer dieser beiden Strafen geahndet. Gleichzeitig ist auf Einziehung der nicht ausgedroschenen Waren zu erkennen.

Brüssel, den 1. Februar 1917.
C. C. IVa 3245.

Arrêté ***

établissant un délai pour le battage des graines oléagineuses.

Les graines oléagineuses qui n'ont pas encore été soumises au battage devront être battues avant le 26 *fevrier* 1917. Le bureau central des huiles (Oelzentrale) pourra autoriser des exceptions.

Les infractions au présent arrête seront punies soit dune amende pouvant atteindre 10 000 marcs et d'un emprissonnenent de 6 mois au plus, soit d'une de ces deux peines à l'exclusion de l'autre. En outre, on prononcera la confiscation des graines non battues.

Les tribunaux et autorités militaires allemands ont compétence pour juger ces infractions.

Bruxelles, le 1er février 1917.
C. C. IV*a* 3245.

Verordening ***

houdende vaststelling van een voor het dorschen van oliezaden.

De nog niet gedorschen oliezaden moeten ten laatste op 25 Februari 1917 uitgedorschen zijn. Alleen de Oliecentrale (Oelzentrale) kan uitzonderingen toestaan.

Wie deze Verordening overtreedt, wordt met ten hoogste 10.000 mark boete en met ten hoogste 6 maand gevangenis of met een van deze beide straffen gestraft. Terzelfder tijd zal de verbeurdverklaring der niet uitgedorschen waren uitgesproken worden.

De Duitsche krijgsrechtbanken en krijgsoverheden zijn tot oordeelvellen bevoegd.

Brussel, den 1n Februari 1917.
C. C. IVa 3245.

No. 309. — 9. FEBRUAR 1917. Pag. 3257

VERORDNUNG,
betreffend Aenderungen in den Bestimmungen über die Abgaben von Zucker, Sirup, Melasse und zuckerhaltigen Erzeugnissen.

Art. 1. Die durch Artikel 7 des Gesetzes vom 21. August 1903, betreffend die Herstellung und Einfuhr von Zucker, festgesetzte Verbrauchsabgabe von 20 Fr. für 100 kg Zucker wird auf 40 Fr. erhöht.

Art. 2. Neben der durch Artikel 1 festgesetzten Abgabe wird eine zusätzliche Verbrauchsabgabe von 125 Fr. für 100 kg für denjenigen Zucker festgesetzt, der zur Herstellung von Schokolade, Honigkuchen, Likör, Fruchtsirup, Fruchtmost, Limonade und Bonbons aller Art bestimmt ist. Hierunter fallen insbesondere auch Zuckerklümpchen, Pastillen, Karamellen, Fondants, Stäbchen und Tabletten, Zuckermandeln, Makronen, Marzipan, Türkischer Honig, Speiseeis, pharmazeutische Spezialitäten, Teigwaren der Feinbackerei, Biskuits, Kuchen, Meringeln.

Art. 3. In Abänderung des Artikels 8 des Gesetzes vom 21. August 1903 wird die bei der Rohzuckerfabrikation oder der Raffination gewonnene, zum menschlichen Genuss ungeeignete Melasse, ohne Rücksicht auf ihre Bestimmung, einer Verbrauchsabgabe von 5 Fr. für 100 kg unterworfen.

Art. 4. In teilweiser Abänderung des Artikels 91 § 1 Abs. 1 des Gesetzes vom 19. Mai 1988, die Herstellung von Stärkezucker, Sirup und Invertzucker betreffend, wird für Rübensirup eine Verbrauchsabgabe von 10 Fr. für 100 kg festgesetzt.

Art. 5. Der Artikel 1 der Königlichen Verordnung vom 21. August 1903, betreffend die Befreiung des für gewerbliche Zwecke oder zur Viehfütterung bestimmten Zuckers von der Verbrauchsabgabe, wird durch folgende Bestimmung ersetzt:

Die Verbrauchsabgabe wird für Zucker, der zur Herstellung von Gemüsekonserven, Obstkomserven, Marmeladen oder Fruchtkraut, kondensierter Milch und Milchmehl, sowie für Zucker, der nach vorheriger Vergällung zur Fütterung von Bienen bestimmt ist, auf 20 Fr. für 100 kg ermässigt.

Art. 6. Die in Artikel 1 der Königlichen Verordnung vom 8. Dezember 1903 vorgesehene Verbrauchsabgabe von 15 Fr. wird für Zucker, der zur Herstellung von Invertzucker oder künstlichem Honig dient, auf 30 Fr. für 100 kg erhöht.

Art. 7. Die durch Artikel 68 § 1 der Gesetzes vom 21. August 1903, betreffend die Herstellung und Einfuhr von Zucker, zugelassene zweimonatige Stundung der Zuckersteuer wird auf einen Monat beschränkt.

Art. 8. Gegen Hinterlegung ausreichender Sicherheit wird den Fabrikinhabern für die Entrichtung der Verbrauchsabgabe von der bei Fabrikation oder Raffination des Zuckers gewonnenen, zum menschlichen Genuss ungeeigneten Melasse, sowie von Rübensirup ein Kredit von einem Monat gewährt.

Die Frist beginnt mit dem letzten Tag des Monats, in dem die Urkunden über die Anschreibung auf Kredit ausgehändigt worden sind.

Art. 9. Die Eingangszölle auf nachbezeichnete Ware werden, wie folgt, abgeändert:

Tarifnummer:	Waren:	Eingangsabgabe:	
—		Masstab.	Tarifsatz.
Aus 8	zubereiteter Kakao..........	100 kg.	175.— Franken
„ 14	mit Zucker aufbereitete Genussmittel:		
	Bonbons (*a*)	100 kg.	175.— „

Tarifnummer:	Waren:	Eingangsabgabe: Masstab.	Tarifsatz.
—	andere (*b*)		
	mit einem Zuckergehalt von 20 v. H. oder weniger....	100 kg.	20.— Franken
	mit einem Zuckergehalt von mehr als 20 v. H. bis 50 v. H.	100 kg.	30.— „
	mit einem Zuckergehalt von mehr als 50 v. H.	100 krg.	50.— „

a) Hierunter fallen die zuckerhaltigen Bonbons aller Art ohne Rücksicht auf ihren Zuckergehalt, insbesondere Zuckerklümpchen, Pastillen, Karamellen, Fondants, Stäbchen und Tabletten, auch aus Gersten- und Apfelzucker; Dragees, Makronen, Marzipan, Türkischer Honig und Teigwaren der Feinbäckerei; Früchte, Gemüse, Pflanzen und Wurzeln, gezuckert, — mit Ausnahme der eingekochten Fruchtsäfte, der Konfitüren und der Marmeladen; — Biskuits, Kuchen, Meringeln und alle andere gezuckerten Zubereitungen derselben Art.

b) Hinsichtlich der Milchkonserven in flüssigem, eingedicktem und festem Zustande oder in Pulverform wird bei der Bestimmung ihres Zuckergehaltes nur die Menge des zugesetzten Zuckers berücksichtigt.

Tarifnummer:	Waren:	Masstab.	Tarifsatz.
Aus 45	Honigkuchen	100 kg.	75.— Franken
„ 60	Zucker (*c*)		
	Saft und Rohzucker aus Rüben und Zuckerrohr	100 kg.	40.— „
	raffinierter Zucker	100 kg.	40.— „
	Rübensirup	100 kg.	30.— „
	Sirup und Melasse von der Zuckerraffination oder Fabrikation mit einem Zuckergehalt von im ganzen nich mehr als 50 v. H....	100 kg.	20.— „
	mit einem Zuckergehalt von im ganzen mehr als 50 v. H.	100 kg.	30.— „

c) Hinsichtlich der besonderen Abgaben (Ueberzoll usw.), die zur Zeit auf Zucker anwendbar sind, wird nichts geändert.

Art. 10. In Abweichung vom Artikel 102 des Gesetzes vom 21. August 1903 hat die Erhöhung der Einnahmen von Zucker, Sirup und Melasse gemäss Artikel 1 bis 6 und 9 der gegenwärtigen Verordnung zu dem durch das Gesetz vom 18. Juli 1860 eingeführten Kommunalfonds nicht beizutragen.

Art. 11. Die bei Inkrafttreten der Verordnung von der Zuckerverteilungsstelle noch nicht freigegebenen Vorräte an Zucker, Melasse, Rübensirup und Fertigfabrikaten unterliegen der Nachversteuerung.

Art. 12. Die erforderlichen Ausführungsbestimmungen erlässt der Verwaltungschef.

Art. 13. Auf Hinterziehungen oder versuchte Hinterziehungen der nach Artikel 1 bis 6 zu erhebenden Abgaben, sowie auf Zuwiderhandlungen gegen die gemäss Artiekel 12 erlassenen Ausführungsbestimmungen finden die Strafvorschriften des Kapitels IV des Gesetzes vom 21. August 1903, betreffend die Herstellung und Einfuhr von Zucker, sinngemäss Anwendung.

Brüssel, den 1. Februar 1917.
C. C. IIa 1337.

Arrêté

apportant des modifications aux dispositions relatives aux droits sur les surcres, les sirops, les mélasses et les produits sucrés.

Art. 1er. Le droit d'accise de 20 francs par 100 kilogrammes de sucre, établi par l'article 7 de la loi du 21 août 1903, concernant la fabrication et l'importation des sucres, est porté à 40 francs.

Art. 2. Indépendamment du droit fixé par l'article 1er, il est établi un droit d'accise supplémentaire de 125 francs par 100 kilogrammes sur les sucres destinés à la fabrication de chocolats, pains d'épice, liqueurs, sirops de fruits, jus de fruits, limonades et bonbons de toute espèce. Sous cette dernière dénomination sont compris, notamment, les boules, pastilles, caramels, fondants, bâtons et tablettes de sucre, dragées, macarons, massepains, nougats, crème glacée, spécialités pharmaceutiques, pâtes de confiserie, biscuits, gâteaux et méringues.

Art. 3. Par modification à l'article 8 de la loi du 21 août 1903, les mélasses impropres à la consommation humaine et provenant de la fabrication ou du raffinage du sucre brut, sont soumises à un droit d'accise de 5 francs par 100 kilogrammes, quelle que soit leur destination.

Art. 4. Par modification partielle à l'article 91, § 1er, 1r alinea, de la loi du 19 mai 1898, relative à la fabrication des glucoses, des sirops et du sucre interverti, il est établi, sur les sirops de betteraves, un droit d'accise de 10 francs par 100 kilogrammes.

Art. 5. L'article 1er de l'arrêté royal du 21 août 1903, relatif à la décharge de l'accise sur les sucres destinés à des usages industriels ou à l'alimentation du bétail, est remplacé par la disposition suivante:

„Est réduit à 20 francs par 100 kilogrammes, le droit d'accise sur le sucre employé à la fabrication de conserves de légumes, de confitures, de marmelades ou de gelées, de lait condensé et de farine lactée, de même que sur le sucre destiné, après dénaturation, à l'alimentation des abeilles."

Art. 6. Le droit d'accise prévu par l'article 1er de l'arrêté royal du 8 décembre 1903, pour le sucre servant à la fabrication du sucre interverti ou du miel artificiel, est porté de 15 francs par 100 kilogrammes.

Art. 7. Le crédit de deux mois pour le payement de l'accise sur le sucre, accordé par l'article 68, § 1er, de la loi du 21 août 1903, concernant la fabrication et l'importation des sucres, est réduit à un mois.

Art. 8. Moyennant caution suffisante, il est accordé aux fabricants un crédit d'un mois pour le payement de l'accise sur les mélasses impropres à la consommation humaine et provenant de la fabrication ou du raffinage des sucres, ainsi que sur les sirops de betteraves.

Le terme prend cours à partir du dernier jour du mois

pendant lequel les documents de prise en charge au compte de crédit ont été délivrés.

Art. 9. Les droits d'entrée sur les marchandises indiquées ci-après sont modifiés ainsi qu'il suit:

Numéro d'ordre du tarif.	Marchandises:	Droits d'entrée: Base.	Quotité. Fr.	c.
ex 8	Cacao préparé	100 kil.	175	„
ex 14	Conserves alimentaires au sucre:			
	Bonbons (*a*)	100 kil.	175	„
	Autres (*b*)			
	Renferment 20 p. c. de sucre ou moins	100 kil.	20	„
	Renfermant plus de 20 p. c. jusqu'à 50 p. c. de sucre	100 kil.	30	„
	Renfermant plus de 50 p. c. de sucre..	100 kil.	50	„

a) Cette catégorie comprend les bonbons de toute espèce, au sucre, quelle que soit d'ailleurs leur teneur saccharine, et notamment les boules, pastilles, caramels, fondants, bâtons et tablettes de sucre d'orge et de sucre de pomme; — les dragées, macarons, massepains, nougats et pâtes de confiserie; — les fruits, légumes, plantes et racines, confits, à l'exclusion des gelées, confitures et marmelades; — les biscuits, gâteaux, méringues et toutes autres préparations sucrées du même genre.

b) En ce qui concerne le lait en conserve, à l'état liquide, concentré, concret ou en poudre, il n'est tenu compte, pour la détermination de la teneur saccharine, que de la quantité de sucre ajoutée.

ex 45	Pain d'épice	100 kil.	75	„
ex 46	Sucres (*c*)	100 kil.	40	„
	Jus et sucres bruts de betterave et de canne	100 kil.	40	„
	Sucres raffinés	100 kil.	40	„
	Sirops de betterave	100 kil.	30	„
	Sirops et mélasses provenant du raffinage ou de la fabrication du suc e d'une richesse saccharine totale n'excédant pas 50 p. c.	100 kil.	20	„
	d'une richesse saccharine totale supérieure à 50 p. c.	100 kil.	30	„

c) Rien n'est modifié en ce qui concerne les droits spéciaux (surtaxe, etc.) actuellement applicables à certains sucres.

Art. 10. Par dérogation à l'article 102 de la loi du 21 août 1903, l'augmentation des recettes sur les sucres, les sirops et les mélasses, résultant de l'application des articles 1er à 6 et 9 du présent arrêté, ne contribue pas à la formation du fonds communal institué par la loi du 18 juillet 1860.

Art. 11. Sont assujetties à un rappel de droits les quantités de sucres, de mélasses, de sirops de betteraves et de produits fabriqués qui, lors de la mise en viguer de l'arrêté, n'ont pas encore été liberées par le Bureau de répartition des sucres (Zuckerverteilungsstelle).

Art. 12. Le Chef de l'Administration civile (Verwaltungschef) est chargé de prendre les dispositions réglementaires nécessaires à l'exécution du présent arrêté.

Art. 13. Toute fraude ou tentative de fraude des droits à percevoir d'après les articles 1er à 6, ainsi que toute infraction aux dispositions réglementaires édictées en vertu de l'article 12, sont passibles des pénalités prévues par le chapitre IV de la loi du 21 août 1903, concernant la fabrication et l'importation des sucres.

Bruxelles, le 1er février 1917.
C. C. II*a* 1337.

Verordening

wijzigende de bepalingen aangaande de rechten op suiker, siroop, melasse en suikerhoudende voortbrengselen.

Art. 1. Het bij artikel 7 der wet van 21 Augustus 1903 betreffende het vervaardigen en het invoeren van suiker, vastgesteld accijnsrecht van 20 frank per 100 kilogram suiker wordt op 40 frank verhoogd.

Art. 2. Behalve het door artikel 1 vastgesteld recht, wordt een aanvullend accijnsrecht van 125 frank per 100 kilogram gevestigd op de suiker bestemd tot het vervaardigen van chocolade, peperkoek, likeuren, vruchtensiroop, vruchtensappen, limonade en lekkergoed van alle soort. Onder deze laatste benaming worden namelijk bedoeld de bollen, pastillen, karamellen, het smeltend suikergoed of zoogenaamde fondants, de suikerstokjes en -tabletten, doopsuiker, bitterkoekjes, marsepein, amandelkoekjes, ijsroom, artsenijspecialiteiten, suikerbakkersdeegen, biscuits, suikerdeegkoeken en meringen.

Art. 3. Met wijziging in artikel 8 der wet van 21 Augustus 1903, wordt de tot 's menschen verbruik ongeschikte melasse, voortkomende van de vervaardiging of van de raffineering van ruwe suiker, welke ook haar bestemming zij, aan een accijnsrecht van 5 frank per 100 kilogram onderworpen.

Art. 4. Met gedeeltelijke wijziging in artikel 91, § 1, 1e lid, der wet van 19 Mei 1898, betreffende het vervaardigen van glucose, siroop en invertsuiker, wordt op beetwortelsiroop een accijnsrecht van 10 frank per 100 kilogram vastgesteld.

Art. 5. Artikel 1 van het koninklijk besluit van 21 Augustus 1903, over de ontlasting van den accijns op de suiker tot nijverheidsverbruik ot tot veevoeder bestemd, wordt door de volgende schikking vervangen :

„Het accijnsrecht voor de suiker bestemd tot vervaardiging van ingelegde groenten, confituren, moezen of geleien, verdichte melk en melkmeel, en ook voor de suiker bestemd, mits voorafgaandelijke ontaarding, tot voeding der bijen, wordt verlaagd tot 20 frank per 100 kilogram."

Art. 6. Het bij artikel 1 van het koninklijk besluit van 8 December 1903 vastgesteld accijnsrecht op de suiker dienende tot het vervaardigen van invertsuiker of van kunstmatige honig, wordt van 15 frank op 30 frank per 100 kilogram verhoogd.

Art. 7. Het krediet van twee maanden voor de beta-

ling van den accijns op de suiker, verleend bij artikel 68, § 1, der wet van 21 Augustus 1903, betrefende het vervaardigen en het invoeren van suiker, wordt tot een maand beperkt.

Art. 8. Mits voldoende borgstelling wordt aan de fabrikanten een krediet van één maand verleend voor de betaling van het accijnsrecht op de tot 's menschen verbruik ongeschikte melasse, voortkomende van de vervaardiging of de raffineering van suiker en van dit op de beetwortelsiroop.

De termijn neemt aanvang te rekenen van den laatsten dag der maand waarin de dokumenten van aanschrijving op de kredietrekening werden verstrekt.

Art. 9. De invoerrechten op de hiernagenoemde goederen worden als volgt gewijzigd :

Volgnummer van het tarief :	*Goederen :*	*Invoerrechten :*	
		Maatstaf	*Bedrag Fr. c.*
ex 8	*Bereide cacao*	*100 kil.*	*175 „*
ex 14	*Verduurzaamde eetwaren met suiker :*		
	Lekkergoed (a)	*100 kil.*	*175 „*
	Andere (b)		
	Met een suikergehalte van 20 t. h. of minder	*100 kil.*	*20 „*
	Met een suikergehalte van hooger dan 20 t. h. tot 50 t. h.	*100 kil.*	*30 „*
	Met hooger suikergehalte dan 50 t. h.	*100 kil.*	*50 „*

a) Deze klasse omvat het lekkergoed van alle soort, met suiker, welk ook hun suikergehalte zij, en namelijk : de bollen, pastillen, karamellen, het smeltend suikergoed of zoogenaamde fondants, de suikerstokjes en -tabletten ook van gerste- en appelsuiker ; — de doopsuiker, bitterkoekjes, marsepein, amandelkoekjes en suikerbakkersdeegen ; — de gekonfijte vruchten, groenten, planten en wortels, met uitsluiting van de geleien, konfituren en moezen ; — de biscuits, suikerdeegkoeken, meringen en alle andere soortgelijke suikerbevattende bereidingen.

b) Voor het vaststellen van de verduurzaamde melk, hetzij deze vloeibaar, verdicht, geronnen of in poeder is, wordt alleen rekening gehouden met de bijgemengde hoeveelheid suiker.

Volgnummer van het tarief:	*Goederen:*	*Invoerrechten:* Maatstaf	*Invoerrechten:* Bedrag Fr. c.
ex 45	*Peperkoek*	*100 kil.*	*75 „*
ex 60	*Suiker* (c)		
	Sap en ruwe suiker van beetwortels en riet	*100 kil.*	*40 „*
	Geraffineerde suiker	*100 kil.*	*40 „*
	Siroop van beetwortels	*100 kil.*	*30 „*
	Siroop en melasse voortkomende van de raffineering of van de vervaardiging van suiker		
	Met een totaal suikergehalte van niet hooger dan 50 t. h.	*100 kil.*	*20 „*
	Met een totaal suikergehalte hooger dan 50 t. h.	*100 kil.*	*30 „*

c) De bijzondere rechten (bijbelasting, enz.), die thans op zekere suikersoorten toepasselijk zijn, blijven onveranderd.

Art. 10. Bij afwijking van artikel 102 der wet van 21 Augustus 1903, zal de verhooging van de ontvangsten op de suiker, de siroop en de melasse, voortspruitende uit de toepassing der artikelen 1 tot 6 en 9 van deze Verordening, niet gestort worden in het gemeentefonds, ingesteld door de wet van 18 Juli 1860.

Art. 11. Een navordering van rechten zal worden gedaan voor de voorraden suiker, melasse, beetwortelsiroop en vervaardigde voortbrengselen, welke bij het van kracht worden dezer Verordening door het Suikerverdeelingskantoor (Zuckerverteilungsstelle), nog niet vrijgegeven zijn.

Art. 12. Het hoofd van het burgerlijk bestuur (Verwaltungschef) wordt belast met het uitvaardigen van de noodige uitvoeringsbepalingen.

Art. 13. Alle ontduiking of ontduikingspoging der volgens artikel 1 tot 6 te innen rechten, alsmede alle overtreding van de krachtens artikel 12 uitgevaardigde uitvoeringsbepalingen, vallen onder toepassing der straffen voorzien bij hoofdstuk IV der wet van 21 Augustus 1903, betreffende het vervaardigen en het invoeren van suiker.

Brussel, den 1n Februari 1917.
C. C. IIa 1337.

No. 310. — 12. FEBRUAR 1917. (Nihil).

No. 311. — 14. FEBRUAR 1917. Pag. 3277

VERORDNUNG ***

betreffend Ergänzung der Verordnung vom 9 Dezember 1915 über die Verwertung von Rohfetten von Rindern und Schafen.

Art. 1. Zur Sicherung der Fettversorgung der Zivilbevölkerung wird folgendes verfügt.:

Die Bestimmungen der Verordnung vom 9. Dezember 1915, betreffend Verwertung von Rohfetten von Rindern und Schafen (Gesetz-und Verordnungsblatt Nr. 153) und die dazu erlassene Bekanntmuchung der Oelzentrale von gleichen Tage, finden auch auf Nierenfette Anwendung.

Art. 2. Die bei dem Erscheinen dieser Verordnung bei den Händlern vorhandenen Bestände an rohem und ausgelassenem Nierenfett sind innerhalb 3 Tagen an die von der Oelzentrale bestimmten Aufkäufer gegen Bezahlung der von der Oelzentrale festgesetzten Preise abzuliefern. Bei der Behandlung der Nierenfette sind die von der Oelzentrale bekanntgegebenen Vorschriften zu beachten.

Art. 3. Zuwiderhandlungen gegen die Vorschriften dieser Verordnung und gegen die auf Grund des Artikels 2 von der Oelzentrale erlassenen Vorschriften werden mit Geldstrafe bis zu 5000 Mark und mit Gefängnis bis zu drei Monaten oder mit einer dieser beiden Strafen geahndet. Gleichzeitig ist auf Einziehung des nicht abgelieferten Fettes zu erkennen.

Zuständig sind die deutschen Militärgerichte und Militärbefelhshaber.

Brüssel, den 7. Februar 1917.
C. C. IV A 23013.

Arrêté ***

complétant l'arrêté du 9 décembre 1915 concernant l'utilisation des graisses brutes de boeuf et de mouton.

Art. 1er. En vue d'assurer l'approvisionnement en graisse, de la population civile, il est arrêté ce qui suit:

Les dispositions de l'arrêté du 9 décembre 1915 concernant l'utilisation des graisses brutes de boeuf et de mouton (Bull. off. des lois et arrêtés no 153) ainsi que l'avis publié le même jour à ce sujet par le Bureau central des huiles (Oelzentrale) sont applicables aussi à la graisse des rognons.

Art. 2. Toute la graisse des rognons, brute ou fondue, qui se trouvera chez les marchandes au moment de la publication du présent arrêté devra être livrée dans les 3 jours aux acheteurs à désigner par le Bureau central des huiles, moyennant payement des prix que ledit bureau établira à cette fin. La graisse des rognons devra être traitée confermément aux prescriptions publiées par le Bureau central des huiles.

Art. 3. Les infractions aux dispositions du présent arrêté et aux prescriptions publiées par le Bureau central des huiles en vertu de l'article 2, seront punies soit d'une amende pouvant atteindre 5000 marcs et d'un emprisonnement de 3 mois au plus, soit d'une de ces deux peines à l'exclusion de l'autre. En outre, on pronnoncera la confiscation de la graisse qui n'aura pas été livrée.

Les tribunaux et commandants militaires allemands sont compétents pour juger ces infractions.

Bruxelles, le 7 février 1917.
C. C. IV. A. 23013.

Verordening

houdende aanvulling van de Verordening van 9 December 1915, betreffende benuttiging van ruwe vetten van runderen en schapen.

Art. 1. Om de bevoorrading der burgelijke bevolking met vet te verzekeren, wordt het volgende beschikt :

De bepalingen der Verordening van 9 December 1915 betreffende benuttiging van ruwe vetten van runderen en schapen (Wet- en Verordeningsblad nr. 153) en de daarbij uitgevaardigde Bekendmaking der Oliecentrale, (Oelzentrale), van denzelfden datum, zijn ook op niervetten van toepassing.

Art. 2. De stapels ruw en afgesmolten niervet die bij het verschijnen dezer Verordening bij de handelaars voorhanden zijn, moeten binnen 3 dagen aan de door de Oliecentrale aangeduide opkoopers afgeleverd worden tegen betaling van den prijs, die door de Oliecentrale is vastgesteld. Voor de behandeling van niervetten moet men zich gedragen naar de voorschriften, die door de Oliecentrale uitgevaardigd zijn.

Art. 3. Wie de voorschriften van deze Verordening en de op grond van art. 2 door de Oliecentrale uitgevaardigde voorschriften overtreedt, wordt met ten hoogste 5.000 mark boete en met ten hoogste drie maand gevangenis of met één van beide straffen gestraft. Te gelijker tijd moet de verbeurdverklaring van het niet afgeleverd vet uitgesproken worden.

De Duitsche krijgsrechtbanken en krijgsbevelhebbers zijn tot oordeelvellen bevoegd.

Brussel, den 7n Februari 1917.
C. C. IV A 23013.

BEKANNTMACHUNG.

betreffend Liquidation britischer Unternehmungen.

Mit Zustimmung des Herrn Generalgouverneurs in Belgien habe ich gemäss der Verordnung über die Liquidation britischer Unternehmungen vom 29. August 1916 (Gesetz- und Verordnungsblatt für die okkupierten Gebiete Belgiens vom 13. September 1916 Nr. 253) folgende Liquidationen angeordnet:

Das in Belgien befindliche Vermögen der Firmen:

1. The Antwerp Engineering Co. Ltd. S. A. in Antwerpen (Liquidator Rechtsanwalt Dr. I. M. Lappenberg, Aufsichtsstelle für Handelsunternehmungen in Antwerpen).
2. Dépôt Général des Produits Liebig S. A. in Antwerpen (Liquidator Rechtsanwalt Dr. I. M. Lappenberg).
3. British American Tobacco Co. (Belgium) Ltd. in Antwerpen (Liquidator Rechtsanwalt Dr. I. M. Lappenberg).
4. Fabrique de Toiles Cirées et de Linoleum d'Anvers in Berchem bei Antwerpen (Liquidator Rechtsan- Dr. I. M. Lappenberg).
5. Geschäftsgrundstück in Antwerpen des Engländers Thomas Braidwait aus Cardiff und Liverpool (Liquidator Rechtsanwalt Dr. I. M. Lappenberg).
6. Westcott & Co. in Antwerpen (Liquidator Rechtsanwalt Dr. I. M. Lappenberg).
7. The Belgian Neuchâtel Asphalte Cy. Ltd. in Brüssel (Liquidator A. Dubbers in Brüssel, Militärschule).
8. Unwin Frères, Brüssel (Liquidator A. Dubbers).
9. Manfield & Sons, Brüssel, Antwerpen und Lüttich (Liquidator A. Dubbers).

10. Dent, Allcroft & Co, in Brüssel nebst Gerberei in Ceroux-Mousty (Liquidator A. Dubbers).
11. Savonneries Lever Frères S. A. in Forest (Liquidator A. Dubbers).
12. Nitrate Works, Vilvoorde (Liquidator A. Dubbers).

Nähere Auskunft erteilen die Liquidatoren.

Brüssel, den 9. Februar 1917.

C. C. IV A 3523.

Avis
concernant la liquidation d'entreprises britanniques.

Avec l'approbation de Son Excellence Monsieur le Gouverneur général en Belgique et conformément à l'arrêté à du 29 août 1916, concernant la liquidation d'entreprises britanniques (Bulletin officiel des lois et arrêtés pour le territoire belge occupé, no. 253 du 13 septembre 1916), j'ai ordonné la liquidation:

des biens, situés en Belgique, des entreprises suivantes:

1. „The Antwerp Engineering Co. Ltd", société anonyme à Anvers. Liquidator: M. le Dr. Lappenberg, Rechtsanwalt, Bureau de surveillance d'entreprises commerciales (Aufsichtsstelle für Handelsunternehmungen), à Anvers.
2. „Dépôt Général des Produits Liebig", société anonyme à Anvers. (Liquidateur: M. le Dr. I M. Lappenberg, Rechtsanwalt,)
3. „British American Tobacco Co (Belgium) Ltd", à Anvers. (Liquidator: M. le Dr. I. M. Lappenberg. Rechtsanwalt.)
4. „Fabrique de Toiles Cirées et de Linoléum d'Anvers", à Berchem-lez-Anvers. (Liquidateur: M. le Dr. I. M. Lappenberg, Rechtsanwalt).

5. Immeuble, sis à Anvers, appartenant à l'Anglais Thomas Braidkwait de Cardiff & Liverpool et loué à des commerçants, (Liquidateur: M. le Dr. I. M. Lappenberg. Rechtsanwalt.)
6. „Westcott & Co.", à Anvers. (Liquidateur: M. le Dr. I. M. Lappenberg, Rechtsanwalt.)
7. „The Belgian Neuchàtel Asphalte Cy Ltd", à Bruxelles. (Liquidateur: M. A. Dubbers, à Bruxelles, Ecole Militaire.)
8. „Unwin Frères", à Bruxelles. (Liquidateur: M. A. Dubbers).
9. „Manfield & Sons", à Bruxelles, Anvers et Liége. (Liquidateur: M. A. Dubbers).
10. „Dent, Allcroft & Cie", à Bruxelles, y compris leur tannerie de Ceroux-Mousty. (Liquidateur: M. A. Dubbers).
11. „Savonneries Lever Frères", société anonyme à Forest. (Liquidateur: M. A. Dubbers.)
12. „Nitrate Works", à Vilvorde. (Liquidateur: M. A. Dubbers.)

Pour de plus amples rensiegnements, s'adresser aux liquidateurs.

Bruxelles, le 9 février 1917.
C. C. IV A 3523.

Bekendmaking

betreffende de likwidatie van Britsche ondernemingen.

Met toestemming van den heer Generalgouverneur in België en overeenkomstig de Verordening van 29 Augustus 1916 over de likwidatie van Britsche ondernemingen (Wet- en Verordeningsblad voor de bezette streken van België, no. 253 van 13 September 1916), heb ik de volgende likwidaties bevolen :

Het in België voorhanden vermogen der firmas :

1. *„The Antwerp Engineering Co. Ltd", naamlooze maatschappij te Antwerpen Likwidator : Rechtsanwalt Dr. I. M. Lappenberg, Kantoor van toezicht over handelsondernemingen (Aufsichtsstelle für Handelsunternehmungen) te Antwerpen.*
2. *„Dépôt General des Produits Liebig", naamlooze maatschappij te Antwerpen (Likwidator : Rechtsanwalt Dr. I. M. Lappenberg).*
3. *„British American Tobacco Co. (Belgium) Ltd" te Antwerpen (Likwidator : Rechtsanwalt Dr. I. M. Lappenberg).*
4. *„Fabrique de Toiles Cirées et de Linoleum d'Anvers" te Berchem bij Antwerpen (Likwidator : Rechtsanwalt Dr. I. M. Lappenberg).*
5. *Pand staande en gelegen te Antwerpen, eigendom van den Engelschman Thomas Braidkwait uit Cardiff en Liverpool en verhuurd aan handelaars (Likwidator Rechtsanwalt Dr. I. M. Lappenberg).*
6. *„Westcott & Co." te Antwerpen (Likwidator : Rechtsanwalt Dr. I. M. Lappenberg).*
7. *The Belgian Neuchâtel Asphalte Cy Ltd" te Brussel (Likwidator : A. Dubbers te Brussel, Krijgsschool).*
8. *Unwin Frères", Brüssel (Likwidator : A. Dubbers).*
9. *„Manfield & Sons", Brussel, Antwerpen en Luik (Likwidator : A. Dubbers).*
10. *Dent, Allcroft & Co." te Brussel, met looierij te Ceroux-Mousty (Likwidator : A. Dubbers).*
11. *„Savonneries Lever Frères", naamlooze maatschappij te Vorst (Likwidator : A. Dubbers).*
12. *„Nitrate Works", Vilvoorde (Likwidator : A. Dubbers)*

De likwidators verstrekken nadere inlichtingen.

Brussel, den 9n Februari 1917.
C. C. IV A 3523.

BEKANNTMACHUNG ***.

Im Interesse der Aufrechterhaltung der Kohlenversorgung im Generalgouvernement bestimme ich folgendes:

Sämtliche, dem Unterricht und der Erziehung dienenden, staatlichen, gemeindlichen und freien Anstalten sind bis auf weiteres zu schliessen.

Sind mit solchen Anstalten Internate verbunden, so bleibt die Schliessung auf die dem Unterricht dienenden Räume beschränkt.

Die Gouverneurs können in besonders dringenden Fällen einzelnen Anstalten für bestimmte Zeit Ausnahmen bewilligen.

Die vorhanden Kohlenvorräte werden hierdurch beschlagnahmt. Sie sind unverzüglich behufs Verwendung im öffentlichen Interesse den Gemeinden zur Verfügung zu stellen. Ueber die zahlende Entschädigung entscheidet im Streitfall der Präsident der Zivilverwaltung für die Provinz.

Brüssel, den 14, Februar 1917.
C. C. IV A. 4586.

Avis. ***

En vue d'assurer l'approvisionnement en charbon dans le territoire du Gouvernement général, j'ordonne ce qui suit:

Tous les établissements d'instruction ou d'éducation entretenus soit par l'Etat ou les communes soit par des particuliers seront fermés jusqu'à nouvel ordre.

Là où ces établissements comprennent des internats, la fermeture ne s'appliquera qu'aux locaux servant à l'enseignement.

Dans des cas d'urgence particulière, les gouverneurs sont autorisés à consentir des exceptions en faveur de certains établissements, pour une durée déterminée.

Les provisions de charbon existantes sont saisies en vertu du présent arrêté. Elles devront être mises immédiatement à la disposition des communes, en vue d'être utilisées dans l'intérêt public. En cas de contestation quant au prix, l'indemnité à payer sera fixée par le Président de l'Administration civile (Präsident der Zivilverwaltung) de la province.

Bruxelles, le 14 février 1917.

C. C. IV. A. 4586.

Bekendmaking. ***

Met het oog op de handhaving van de bevoorrading met kolen in het Generalgouvernement, bepaal ik hetgene volgt :

Alle gestichten voor onderwijs of opvoeding, zoowel die van den Staat en der gemeenten als de vrije gestichten, moeten tot nader bevel worden gesloten.

Zijn met zulke gestichten kostscholen verbonden, dan moeten alleen de voor het onderwijs dienende zalen gesloten worden.

De Gouverneurs kunnen, in bijzondere dringende gevallen, aan afzonderlijke gestichten voor een bepaalden tijd uitzonderingen toestaan.

De bestaande voorraden aan kolen worden hierbij in beslag genomen. Zij moeten onverwijld ter beschikking van de gemeenten worden gesteld om in het openbaar belang benuttigd te worden. In geval van oneenigheid over de te betalen schadeloosstelling, beslist de Voorzitter van het burgerlijk bestuur (Präsident der Zivilverwaltung) voor de provincie,

Brussel, den 14n Februari 1917.

C. C. IV A 4586.

VERORDNUNG, ***

betreffend Aenderung der Verordnung über die Ersparnis von Brennstoffen und Beleuchtungsmitteln.

Einziger Paragraph.

Die Vorschriften der Verordnung über die Ersparnis von Brennstoffen und Beleuchtungsmitteln vom 13. Dezember 1916 (Gesetz und Verordnungsblatt Nr. 289) werden wie folgt ergänzt :

I. Alle Läden und Verkaufstätten jeglicher Art sind bis auf weiteres um 6 Uhr abends zu schliessen; ausgenommen sind Apotheken und Läden, die ausschliesslich dem Verkauf von Lebensmitteln dienen.

II. Jegliche Beleuchtung von Schaufenstern wird untersagt.

III. Die Innenbeleuchtung von Läden und Verkaufstätten jeglicher Art hat sich für je 15 cbm auf eine elektrische Lampe bis 100 Kerzenstärke oder 1 Gaslampe zu beschränken ; diese Vorschrift gilt auch für Gast- und Schankwirtschaften, Caféhäuser, Theater, Lichtspielhäuser und sonstige öffentliche Vergnügungsstätten.

Brüssel, den 14. Februar 1917.
C. C. IV A 4586.

Arrêté ***

modifiant l'arrêté ayant pour but d'économiser les combustibles et les produits servant à l'éclairage.

Paragraphe unique.

Les prescriptions de l'arrêté du 13 décembre 1916 ayant pour but d'économiser les combustibles et les produits servant à l'éclairage (Bulletin officiel des lois et arrêtés no. 289) sont complétées comme suit:

I. Jusqu'à nouvel ordre, tous les magasins et autres locaux de vente quelconques doivent être fermés à 6 heures du soir; il est fait exception pour les pharmacies et les magasins s'occupant exclusivement de la vente de denrées alimentaires.

II. L'éclairage des vitrines est interdit d'une façon absolue.

III. L'éclairage intérieur des magasins et autres locaux de vente quelconques doit être limité à raison d'une lampe électrique de 100 bougies ou d'un bec de gaz par 15 m^3; cette prescription s'applique également aux hôtels, restaurants, débits de boisson, cafés, théâtres, cinématographes et autres lieux de divertissement.

Bruxelles, le 14 février 1917.
C. C. IV. A. 4586.

Verordening ***

houdende wijziging van de Verordening betreffende de bezuiniging van brandstoffen en verlichtigsmiddelen.

Eenige paragraaf.

De voorschriften van de Verordening van 13 December 1916, betreffende de bezuiniging van brandstoffen en verlichtingsmiddelen (Wet- en Verordeningsblad Nr. 289), worden aangevuld als volgt :

I. Al de winkels en verkooplokalen van allen aard moeten tot nader bevel te 6 uur 's avonds sluiten; uitzondering geldt voor de apotheken en voor de winkels, die uitsluitend voor den verkoop van levensmiddelen dienen.

II. Het is verboden de uitstalramen te verlichten.

III. De verlichting binnen de winkels en verkooplokalen

van allen aard moet beperkt blijven op één elektrische lamp van ten hoogste 100 kaarsen of één gaslamp per 15 kubieke meters; dat voorschrift is ook van toepassing op gasthoven en spijshuizen, drankslijterijen en koffiehuizen, alsook op schouwburgen, kinema's en andere openbare plaatsen van uitspanning en vermaak.

Brussel, den 14n Februari 1917.
C. C. IV A 4586.

No. 312. — 17. FEBRUAR 1917. Pag. 3285

VERORDNUNG. ***

betreffend Herstellung und Vertrieb von Seife.

Unter Aufhebung meiner Verordnung vom 15 März 1916 (Gesetz- und Verordnungsblatt Nr. 190) bestimme ich folgendes:

Art. I. Die Herstellung von Seife und deren gewerbsmässige Bearbeitung und Veränderung in Bezug auf Zusammensetzung und äussere Form ist verboten. Ausnahmen kann die Oelzentrale bewilligen. Die bisher von der Oelzentrale bewilligten Ausnahmen bleiben bis auf Widerruf in Kraft.

Art. II. Als Seife im Sinne dieser Verordnung gelten alle mit tierischen oder pflanzlichen Oelen und Fetten hergestellten festen, halbfesten, flüssigen oder pulverförmigen Wasch- und Reinigungsmittel.

Art. III. Es ist verboten, Seife aus Neutralfetten herzustellen. Als Neutralfett gilt Fett und Oel, das Glyzerin enthält. Die Spaltung von Neutralfett auf Fettsäure und Glyzerin hat nach den Weisungen der Oelzentrale zu geschehen.

Art. IV. Es ist verboten, Seife in den Verkehr zu bringen und feilzuhalten, bei deren Herstellung Neutralfette (Art. III) oder zum menschlichen Genuss geeignete Oele und Fete im Sinne der Verordnung vom 26. Februar 1916 (Gesetz- und Verordnungsblatt Nr. 184) verwandt worden sind.

Art. V. Die Oelzentrale erlässt die zur Durchführung dieser Verordnung erforderlichen Vorschriften.

Art. VI. Mit Geldstrafe bis zu 10 000 Mark und mit Gefängnis bis zu 6 Monaten oder mit einer dieser beiden Strafen wird bestraft, wer den Bestimmungen dieser Verordnung oder den zu ihrer Durchführung von der Oelzentrale erlassenen Vorschriften zuwiderhandelt. Ausserdem ist auf Einziehung der Stoffe, bezüglich deren die Zuwiderhandlung begangen ist, einschliesslich der zur Fabrikation dienenden Einrichtiungen, zu erkennen.

Die Verordnung tritt mit dem 25. März 1917 in Kraft.

Brüssel, den 7. Februar 1917.

C. C. IV A 3372.

Arrêté ***

concernant la fabrication et la vente du savon.

J'abroge mon arrêté du 15 mars 1916 (Bulletin officiel des lois et arrêtés no. 190) et arrête ce qui suit:

Art. 1er. Il est interdit de fabriquer du savon et soit de le travailler, à titre professionnel, soit, au même titre, de transformer sa compositon ou sa forme. Le Bureau central des huiles (Oelzentrale) peut autoriser des exceptions. Les exceptions déjà autorisées par le Bureau central des huiles restent en vigueur jusqu'à nouvel ordre.

Art. II. Sont considérés comme savons, aux termes du présent arrêté, tous les savons en briques ou en blocs, mous, liquides ou en poudre, fabriqués à l'aide d'huiles et de graisses animales au végétales.

Art. III. Il est interdit de fabriquer du savon à l'aide

de graisse neutre. Sont considérées comme graisses neutres les graisses et les huiles contenant de la glycérine. La déglycérination de la graisse neutre (en vue de séparer l'acide gras de la glycérine) doit se faire conformement aux instructions du Bureau central des huiles.

Art. IV. Il est interdit de vendre ou de mettre en vente du savon fabriqué à l'aide soit de graisse neutre (art. III) soit d'huile ou de graisse propres à l'alimentation humaine aux termes de l'arrêté du 26 février 1916 (Bulletin officiel des lois et arrêtés no. 184).

Art. V. Le Bureau central des huiles publiera les prescriptions nécessaires à l'exécution du présent arrêté.

Art. VI. Sera puni soit d'une amende pouvant atteindre 10 000 marcs et d'un emprisonnement de 6 mois, soit d'une de ces deux peines à l'exclusion de l'autre, quiconque aura enfreint les dispositions du présent arrêté ou les prescriptions destinées à assurer son exécution et publiées par le Bureau central des huiles. En outre, on prononcera la confiscation des produits qui auront formé l'object de l'infraction ainsi que des installations qui auront servi à la commettre.

Le présent arrêté entrera en vigueur le 25 mars 1917.

Bruxelles, le 7 février 1917.

C. C. IV. A. 3372.

Verordening ***

betreffende het vervaardigen en verkoopen van zeep.

Onder opheffing van mijn Verordening van 15 Maart 1916 (Wet- en Verordningsblad no. 190) bepaal ik het volgende :

Art. I. Het is verboden zeep te vervaardigen en, bij wijze van beroep zeep te bewerken en te wijzigen onder toezicht van samenstelling en uiterlijken vorm. De Oliecentrale

(Oelzentrale) kan uitzonderingen toestaan. De uitzonderingen. die tot hiertoe door de Oliecentrale werden toegestaan, blijven tot herroeping van kracht.

Art. II. Als zeep in den zin dezer Verordening gelden alle vaste, weeke, vloeibare of poedervormige wasch- en reinigingsmiddelen, die met dierlijke of plantaardige oliën en vetten vervaardigd zijn.

Art. III. Het is verboden, zeep te winnen uit neutrale vetten. Als neutrale vetten gelden vet en olie, die glycerine bevatten. Het scheiden van neutraal vet in vetzuur en glycerine moet naar de aanwijzingen der Oliecentrale geschieden.

Art. IV. Het is verboden, zeep in den handel te brengen en te koop te stellen, bij het vervaardigen waarvan gebruik werd gemaakt van neutrale vetten (art.) III) of van tot de menschelijke voeding geschikte oliën en vetten in den zin den Verordening van 26 Februari 1916 (Wet- en Verordeningsblad no. 184).

Art. V. De Oliecentrale vervaardigt de voorschriften uit, die met het oog op de uitvoering dezer Verordening noodig zijn.

Art. VI. Wie de bepalingen dezer Verordening of de voorschriften, die tot uitvoering er van de door de Oliecentrale zijn uitgevaardigd, overtreedt, wordt met ten hoogste 10.000 mark boete en met ten hoogste 6 maand gevangenis of met één van beide straffen gestraft. Bovendien moet de verbeurdverklaring worden uitgesproken van de stoffen, waarmede de overtreding werd begaan, alsook van de inrichtingen die tot het vervaardigen er van hebben gediend.

De Verordening wordt met ingang van 25 Maart 1917 van kracht.

Brussel, den 7n Februari 1717.
C. C. IV A 3372.

BEKANNTMACHUNG.

Die Handelshochschule der Universität Gent wird am 22. Februar 1917 wieedr eröffnet.

Die Vorlesungen finden in vlämischer (niederländischer) Sprache statt, ausgenommen die Vorlesungen über fremde Sprachen, die in der betreffenden Sprache abgehalten werden können.

Brüssel, den 14. Februar 1917.
C. G. III*b* 1565.

Avis.

La réouverture de l'Ecole spéciale de Commerce de l'Université de Gand aura lieu le 22 février 1917.

Les cours y sont donnés en langue flamande (néerlandaise), à l'exception de ceux ayant pour objet des langues étrangères; ceux-ci peuvent être donnés en ces langues.

Bruxelles, le 14 février 1917.
C. C. III*b* 1565.

Bekendmaking.

De Bijzondere Handelsschool der Universiteit te Gent wordt op 22 Februari 1917 heropend.

De voertaal van het onderwijs is er het Vlaamsch (Nederlandsch), uitgezonderd voor de voorlezingen in de vreemde talen, die in de betrokken taal mogen gehouden worden.

Brussel, den 14n Februari 1917.
C. C. IIIb 1565.

No. 313. — 20. FEBRUAR 1917. Pag. 3297

BEKANNTMACHUNG.

In Ausführung der Artikel 1 und 9 der Verordnung, betreffend Regelung des Verkehrs mit Branntwein und Hefe vom 13. Dezember 1916, sind:

1. Herr Rittmeister Donnevert zum Vorsitzenden der Branntwein-Zentrale;
2. Herr Assessor Zur Bonsen zum stellvertretenden Vorsitzenden der Branntwein-Zentrale;
3. Herr Rechnungsrat Hoffmann bei der Zivilverwaltung in Brüssel,
   Herr Generalverwaltungsdirektor im Finanz-Ministerium J. Janssens in Brüssel und
   Herr Fabrikant F. Springuel in Huy
   zu Mitgliedern des Beirates der Branntwein-Zentrale;
4. Herr Referendar Dr. Beutner bei der Zivilverwaltung in Brüssel zum Vorsitzenden und
   die Herren Fabrikanten Jean Descampe in Gembloux und Clemens Peeten in Velm zu Mitgliedern des Schiedsgerichts der Branntwein-Zentrale bestellt worden.

Brüssel, den 5. Februar 1917.
C. C. IIa. 907 II. Aug.

Avis.

En exécution des articles 1er et 9 de l'arrêté du 13 décembre 1916 réglant le trafic des eaux-de-vie et de la levure, ont été nommés :

1. M. le captaine de cavalerie Donnevert, en qualité de Président du Bureau central des eaux-de-vie (Branntweizentrale);

2. M. Zur Bonsen, Assessor, en qualité de vice-président du Bureau central des eaux-de-vie;
3. M. Hoffmann, Rechnungsrat, attaché à l'Administration civile à Bruxelles,
   M. J. Janssens, Administrateur-Directeur général au Ministère des finances, à Bruxelles, et
   M. F. Springel, fabricant, à Huy,
   en qualité de membres du Comité consultatif du Bureau central des eaux-de-vie;
4. M. le Dr. Beutner, Referendar, attaché à l'Administration civile à Bruxelles, en qualité de président, et MM. Jean Descampe, fabricant à Gemblaux, et Clément Peeten, fabricant à Velm, en qualité de membres du Tribunal d'arbitrage du Bureau central des eaux-de-vie.

Bruxelles, le 5 février 1917.

C. C. II*a* 907 II. Ang.

Bekendmaking.

In uitvoering van artikelen 1 en 9 der Verordening van 13 December 1916, betreffende regeling van den handel in brandewijn en gist, werden de volgende benoemingen gedaan :

1. *De heer ritmeester Donnevert, tot voorzitter der Brandewijncentrale (Branntweinn-Zentrale);*
2. *De heer Assessor Zur Bonsen, tot ondervoorzitter der Brandewijncentrale;*
3. *De heer Rechnungsrat Hoffmann, bij het burgerlijk bestuur (Zivilverwaltung) te Brussel,*
   de heer J. Janssens, Beheerder-Algemeen Bestuurder, in het ministerie van Financien, en
   de heer F. Springuel, fabrikant te Hoei,
   tot leden van den bijraad der Brandewijncentrale ;

4. De heer Referendar Dr. Beutner, bij het burgerlijk bestuur te Brussel, tot voorzitter, en de heeren Jan Descampe, fabrikant te Gembloers, en Clemens Peeten, fabrikant te Velm, tot leden van het scheidsgerecht der Brandewijncentrale.

Brussel, den 5n Februari 1917.
C. C. IIa 907 II. Ang.

VERORDNUNG,

betreffend die Genehmigung von Uebertragungen und die Bewilligung von Ergänzungskrediten für die Budgets des Rechnungsjahres 1916.

I. Uebertragungen.

Art. 1. Für die Budgets des Rechnungsjahres 1916 werden im Betrage von siebenzigtausend einhundert neunundsiebenzig Frank achtundsechzig Zentimen (Fr. 70.179,68) Uebertragungen genehmigt, die in der hier beigefügten Uebersicht A näher bezeichnet sind und sich belaufen:

Für das Budget des Innern auf	fr.	15.000.—
Für das Budget der Wissenschaften und Künste auf	fr.	25.179,68
Für das Budget für Ackerbau und öffentliche Arbeiten auf	fr.	30.000.—
Zusammen	fr.	70.179,68

II. Ergänzungskredite.

Art. 2. Zur Einfügung in die Budgets des Rechnungsjahres 1916 werden Ergänzungskredite im Gesamtbetrage von vier Millionen zweihundertneunundfünfzigtausend dreihundert und fünfundfünfzig Frank (4.259.355) bewilligt.

Diese Kredite, die aus den ordentlichen Einnahmen des Budgets zu decken sind, verteilen sich nach Massgabe der hier beigefügten Uebersicht B und betragen:

Für das Budget der Dotationen	**fr.**	**700.—**
Für das Budget der Justiz	**fr.**	**400.000.—**
Für das Budget der Wissenschaften und Künste	**fr.**	**328.800.—**
Für das Budget für Industrie und Arbeit ...	**fr.**	**402.000.—**
Für den Anhang zum Budget der Finanzen .	**fr.**	**2.458.855.—**
Für das Budget für Ackerbau und öffentliche Arbeiten	**fr.**	**669.000.—**
Zusammen	**fr.**	**4.259.355.—**

Art. 3. Diese Verordnung tritt am Tage ihrer Verkündigung in Kraft.

Brüssel, den 10. Februar 1917.
C. C. IIa 13105.

Arrêté
autorisant des transferts et allouant des crédits supplémentaires à des budgets de l'exercice 1916.

I. Transferts.

Art. 1er. Sont autorisés à concurrence de soixante-dix mille cent soixante dix-neuf francs soixante-huit centimes (fr. 70.179,68) les fransferts aux budgets de 1916 détaillés au tableau A annexé au présent arrêté et s'élevant:

Pour le budget de l'Intérieur, à	fr.	15.000,—
Pour le budget des Sciences et des Arts, à...	fr.	25.179,68
Pour le budget de l'Agriculture et des Travaux publics, à	fr.	30.000,—
Ensemble	fr.	70.179,68

II. Crédits supplémentaires.

Art. 2. Il est ouvert, pour être rattachés à l'exercice 1916, des crédits supplémentaires montant à la somme de quatre millions deux cent cinquante-neuf mille trois cent cinquante-cinq francs (fr. 4.259.355,—).

Ces crédits, à couvrir par les ressources ordinaires du budget, sont répartis conformément au tableau B annexé au présent arrêté et s'élèvent:

Pour le budget des Dotations, à	fr.	700,—
Pour le budget de la Justice, à	fr.	400.000,—
Pour le budget des Sciences et des Arts, à	fr.	328.800,—
Pour le budget de l'Industrie et du Travail, à...	fr.	402.000,—
Pour l'annexe au budget des Finances, à.......	fr.	2.458.855,—
Pour le budget de l'Agriculture et des Travaux publics, à	fr.	669.000,—
Ensemble	fr.	4.259.355,—

Art. 3. Le présent arrêté entrera en vigueur le jour de sa publication.

Bruxelles, le 10 février 1917.
C. C. I-*Ia* 13105.

Verordening

waarbij overdrachten veroorloofd en bijkredieten verleend worden op de begrootingen van het dienstjaar 1916.

I. Overdrachten.

Art. 1. Worden toegelaten, ten beloope van zeventig duizend honderd negen en zeventig frank acht en zestig centimen (fr. 70.179,68), de overdrachten op de begrooting voor het dienstjaar 1916, omstandig vermeld in de bij de tegenwoordige Verordening gevoegde tabel A en beloopende :

Voor de begrooting van Binnenlandsche Zaken .	*fr.*	*15.000.—*
Voor de begrooting van Wetenschappen en Kunsten	*fr.*	*25.179,68*
Voor de begrooting van Landbouw en Openbare Werken	*fr.*	*30.000.—*
Te zamen	*fr.*	*70.179,68*

II. Bijkredieten.

Art. 2. Bijkredieten te brengen op de begrootingen voor het dienstjaar 1916, ten beloope van vier millioen tweehonderd negen en vijftig duizend driehonderd vijf en vijftig frank (fr. 4.259.355) zijn geopend.

Die door gewone middelen van de begrooting te bestrijden kredieten zijn overeenkomstig de bij deze Verordening gevoegde tabel B verdeeld en beloopen :

Voor de begrooting der Dotatiën	*fr.*	*700.—*
Voor de begrooting van Justitie	*fr.*	*400.000.—*
Voor de begrooting van Wetenschappen en Kunsten	*fr.*	*328.800.—*
Voor de begrooting van Nijverheid en Arbeid.....	*fr.*	*402.000.—*
Voor het bijvoegsel van de begrooting van Financiën	*fr.*	*2.458.855.—*
Voor de begrooting van Landbouw en Openbare Werken	*fr.*	*669.000.—*
Te zamen	*fr.*	*4.259.355.—*

Art. 3. Deze Verordening zal den dag harer afkondiging in werking treden.

Brussel, *den 10n Februari 1917.*
C. C. IIa 13105.

No 314. — 22. FEBRUAR 1917. Pag. 3313.

VERORDNUNG, ***

betreffend Strohflachs, gearbeiteten Flachs und Heede.

Unter Aufhebeung der Verordnung vom 27. Mai 1916

betreffend Flachs und Heeden (Gesetz- und Verordnungsblatt für die okkupierten Gebiete Belgiens Nr. 218), wird folgendes bestimmt:

Art. 1. Wer Vorräte an Strohflachs, gearbeitetem Flachs oder Heede in Gewahrsam hat, ist lverpfichtet, die am 1. eines jeden Monats vorhandenen Mengen, getrennt nach Strohflachs, gearbeitem Flachs und Heeden unter Bezeichnung der Eigentümer und des Lagerungsortes den Gemeindebehörden des Lagerungsortes (Bürgermeister) bis zum 5. eines jeden Monats anzuzeigen.

Die Gemeinden haben durch die Burgermeister die in ihrem Gemeindebezirk vorhandenen Vorräte an Strohflachs, gearbeitetem Flachs und Heeden unter Bezeichnung der Eigentümer und des Lagerungsortes den Zivilkommissaren bis zum 10. eines jeden Monats anzuzeigen

Art. 2. Im Gebiete des Generalgouvernements werden für gearbeiteten Flachs und Heeden alter und neuer Ernte folgende Höchstpreise festgesetzt:

1) Wassergeröstete Flächse:

a) 250.—bis 350.—Franken je nach Güte für den Ballen von 104 kg brutto oder 103 kg netto Kortrykflachs.

b) 190.—bis 250.— Franken je nach Güte für 100 kg flandrische blaue Flächse.

2) Rasenflächse (Feldrotten):

130. — bis 180. — Franken je nach Güte für 100 kg geschwungenen, rasengerösteten Flachs, gleichgültig wetcher Herkunft.

3) Heeden:

a) 80.— Franken für geschwingelte, bester Güte,

b) 100.— Franken für richtige Naturen, bester Güte,
c) 120.— „ für Snutjes, bester Güte,
d) 140.— „ für Kämmlinge, bester Güte.

Für Strohflachs kommt derjenige Preis in Anrechnung, der den festgesetzten Höchstpreisen für gearbeiteten (geschwungenen) Flachs entspricht.

Für geringere Qualitäten und bei schlechterer Bearbeitung ermässigen sich die Höchstpreise entsprechend.

Art. 3. Jede Beförderung von Strohflachs, gearbeiteten Flachs oder Heede ohne Genehmigung der Abteilung für Handel und Gewerbe, Rohstoffverwaltungsstelle, Brüssel, ist verboten.

Der Verkauf von gearbeiteten Flachs oder Heede ist nur zulässig an:

1) die Rohstoff-Abteilung, Gent, Gouvernementsstr. 18,

2) die Flachsbüros in Kortryk und Lokeren.

Der Verkauf von Strohflachs zwecks Bearbeitung ist mit Genehmigung der Abteilung für Handel und Gewerbe, Rohstoffverwaltungsstelle in Brüssel auch zulässig an die Flachsbereitungs-Anstalten im Kortryker Flachsdistrikt.

Art. 4. Die Bestände an Strohflachs, gearbeitetem Flachs und Heeden alter und neuer Ernte sind auf Anforderung seitens der zuständigen Zivilkommissare den in Artikel 3 zu 1 und 2 genannten amtlichen Stellen zu überlassen. Findet eine Einigung über den Verkaufspreis nicht statt, so wird der Preis durch diese Behörden nötigenfalls unter Zuziehung eines belgischen Sachverständigen festgesetzt.

Art. 5. Mit gefängnis bis zu drei Jahren und mit Geldstrafe bis zu 30 000 Mark oder mit einer dieser Strafen wird bestraft:

1) wer den Gemeindebehörden gegenüber seine Bestände nicht, nicht rechtzeitig oder falsch angibt. Die

gleiche Strafe trifft die Bürgermeister, die Bestandsanzeigen an die Zivilkommissare nicht oder nicht rechtzeitig wiedergeben oder Bestandsanzeigen, von denen sie wussten oder dem Umständen nach wissen mussten, dass sie falsch sind, weitergeben,

2) wer die festgesetzten Höchstpreise überschreitet,

3) wer einen anderen zum Abschluss eines Vertrages auffordert, durch den die Höchstpreise überschritten werden, oder wer sich zu einem solchen Vertrage anbietet,

4) wer ohne Genehmigung Strohflachs, gearbeiteten Flachs oder Heede befördert,

5) wer Strohflachs, gearbeiteten Flachs oder Heede an andere als die in Artikel 3 zu 1 und 2 bezeichneten Stellen oder ohne Genehmigung an die Flachsbereitungs-Anstalten verkauft oder sonst veräussert,

6) wer seine Bestände an Flachs, Heede nnd Strohflachs trotz Aufforderung der zuständigen Zivilkommissare nicht an die in Artikel 3 zu 1 und 2 bezeichneten Stellen abliefert.

7) wer Vorräte von Strohflachs, gearbeiteten Flachs oder Heeden vernichtet oder unbrauchbar macht.

Der Versuch ist strafbar.

Die den Gegenstand der Zuwiderhandlung bildenden Vorräte sind einzuziehen.

Zuständig sind die deutschen Militärgerichte und Militärbefehlshaber.

Brüssel, den 10. Februar 1917.
C. C. IV R 2208/II.

Arrêté ***

concernant le lin brut (lin en paille), le lin travraillé et les émouchures.

J'abroge mon arrêté du 27 mai 1916, concernant le lin

et les émouchures (Bulletin officiel des lois et arrêtés pour le territoire belge occupé, no 218), et arrête ce qui suit:

Art. 1er. Quiconque détient des stocks de lin brut, de lin travaillé ou d'émouchures est tenu de déclarer les quantités qu'il possède à la date du 1er de chaque mois; il doit dans sa déclaration indiquer séparément les quantités de lin brut, de lin travaillé et d'émouchures, et désigner les propriétaires et les lieux de dépôt; ladite déclaration doit être remise au plus tard le 5 de chaque mois à l'administration communale (au bourgmestre) du lieu de dépôt.

Les communes, à leur tour, doivent déclarer, par l'intermédiaire de leur bourgmestre, les stocks de lin brut. de lin travaillé et d'émouchures existant dans leur territoire; cette déclaration doit indiquer les noms des propriétaires et les lieux de dépôt, et être adressée au plus tard le 10 de chaque mois au commissaire civil (Zivilkommissar) compétent.

Art. 2. Dans le territoire du Gouvernement général, les prix maxima suivants sont établis pour le lin travaillé et les émouchures tant de l'ancienne que de la nouvelle récolte:

1. *Lin roui à l'eau*:

a) selon la qualité, 250 à 350 francs la balle de lin de Courtrai de 104 kg. brut ou de 103 kg. net,
b) selon la qualité, 190 à 250 francs les 100 kg. de lin bleu des Flandres.

2. *Lin roui sur terre*:

selon la qualité, 130 à 180 francs les 100 kg. de lin teillé et roui sur terre, sans distinction de provenance.

3. *Emouchures.*

a) 80 francs pour les émouchures retravaillées, de la meilleure qualité,
b) 100 francs pour les vraies natures, de la meilleure qualité,
c) 120 francs pour les snutjes, de la meilleure qualité,
d) 140 francs pour les peignées, de la meilleure qualité.

Pour le lin brut, on tiendra compte des prix maxima fixés pour le lin travaillé (teillé).

Pour les qualités inférieures ou médiocrement travaillées, les prix maxima sont réduits en conséquence.

Art. 3. Est interdit tout transport de lin brut, de lin travaillé ou d'émouchures, non autorisé par la Section du commerce et de l'industrie, Bureau des matières premières (Abteilung für Handel und Gewerbe, Rohstoffverwaltungsstelle), à Bruxelles.

Il n'est permis de vendre du lin travaillé ou des émouchures:

1) qu'à la Section des matières premières (Rohstoff-Abteilung), à Gand, 18, rue du Gouvernement,
2) qu'aux Bureaux du lin (Flachsbüros), à Courtrai et à Lokeren.

Moyennant l'autorisation de la Section du commerce et de l'industrie, Bureau des matières premières, à Bruxelles, le lin brut destiné à être travaillé peut aussi être vendu aux établissements qui, dans le district linier de Courtrai, s'occupent de la préparation du lin.

Art. 4. Les stocks de lin brut, de lin travaillé et d'émouchures, tant de l'ancienne que de la nouvelle récolte, doivent, sur l'invitation du commissaire civil compétent, être cédés aux autorités mentionnées à l'article, 3, chiffres 1 et 2. Si l'on ne parvient pas à se mettre d'accord sur le prix de vente, celui-ci sera fixé par lesdites autorités avec le concours d'un expert belge.

Art. 5. Sera puni soit d'un emprisonnement de trois ans au plus et d'une amende pouvant atteindre 30.000 marcs, soit d'une de ces deux peines à l'exclusion de l'autre:

1) quiconque n'aura pas déclaré ses stocks à l'autorité communale, quiconque ne les lui aura pas déclarés à temps ou lui aura fait une fausse déclaration. Sera puni de même tout bourgmestre qui n'aura pas transmis au commissaire civil compétent les déclarations reçues par l'administration communale, ou bien ne les aura pas transmises à temps, ou les aura transmises quoique sachant ou, selon les circonstances, devant savoir qu'elles étaient fausses;

2) quiconque n'aura pas observé les prix maxima établis;

3) quiconque aura invité une autre personne à conclure un contrat enfreignant les prix maxima ou bien aura offert de conclure un pareil contrat;

4) quiconque, sans autorisation, aura transporté du lin brut, du lin travaillé ou des émouchures;

5) quiconque aura vendu ou cédé d'une manière quelconque du lin brut, du lin travaillé ou des émouchures soit à d'autres acheteurs qu'à ceux désignés à l'article 3, chiffres 1 et 2, soit, sans l'autorisation prescrite, aux établissements s'occupant de la prépartion du lin;

6) quiconque n'aura pas livré ses stocks de lin, d'émouchures et de lin brut aux autorités désignées à l'article 3, chiffres 1 et 2, bien qu'y ayant été invité par le commissaire civil compétent;

7) quiconque aura détruit ou rendu inutilisables des stocks de lin brut, de lin travaillé ou d'émouchures.

La tentative est punissable.

Les stocks qui auront formé l'objet de l'infraction seront confisqués.

Les tribunaux et commandants militaires allemands sont compétents pour juger ces infractions.

Bruxelles, le 10 février 1917.
C. C. IV R. 2208/II.

Verordening ***

betreffende stroovlas, bewerkt vlas en klodden.

Onder opheffing der Verordening van 27 Mei 1916, betreffende vlas en werkklodden (Wet- en Verordeningsblad voor de bezette streken van België nr 218), wordt het volgende bepaald :

Art. 1. Wie stapels stroovlas, bewerkt vlas of klodden in bewaring heeft, is verplicht, de op den 1sten van elke maand voorhanden hoeveelheden, gescheiden volgens stroovlas, bewerkt vlas en klodden en onder vermelding der eigenaars en der ligplaats, ten laatste den 5den van elke maand aan te geven bij de gemeenteoverheid (burgemeester) der ligplaats.

De gemeenten moeten door tusschenkomst der burgemeesters, de binnen hun gemeenteomschrijving voorhanden stapels stroovlas, bewerkt vlas en klodden, onder vermelding der eigenaars en der ligplaats, ten laatste den 10n van elke maand bij de burgerlijke Kommissarissen (Zivilkommissare) aangeven.

Art. 2. Binnen het gebied van het Generalgouvernement worden voor bewerkt vlas en klodden van vroegeren en nieuwen oogst de volgende hoogste prijzen vastgesteld :

1. In water geroot vlas:

a) 250 tot 350 fr., naar gelang van de hoedanigheid, per baal van 104 kgr. bruto of 103 kgr. netto Kortrijksch vlas,

b) 190 tot 250 fr., naar gelang van de hoedanigheid, voor 100 kgr. blauw Vlaandersch vlas.

2. Op gras geroot vlas (veldroten).

130 tot 180 fr., naar gelang van de hoedanigheid, voor 100 kgr. gezwingeld, op gras geroot vlas, van om het even welke afkomst.

3. Klodden:

a) 80 fr., voor gezwingelde klodden van beste hoedanigheid,
b) 100 fr., voor zuivere naturen van beste hoedanigheid,
c) 120 fr. voor snutjes van beste hoedanigheid,
d) 140 fr. voor kammelingen (gehekelde) van beste hoedanigheid.

Voor stroovlas wordt de prijs berekend in verhouding tot de vastgestelde hoogste prijzen voor bewerkt (gezwingeld) vlas.

Voor mindere soorten of bij slechtere bewerking worden de hoogste prijzen naar evenredigheid verlaagd.

Art. 3. Elk vervoer van stroovlas, bewerkt vlas of klodden zonder toelating van de Afdeeling voor handel en nijverheid, kantoor voor grondstoffen (Abteilung für Handel und Gewerbe, Rohstoffenverwaltungsstelle), te Brussel, is verboden.

Bewerkt vlas of klodden mogen maar verkocht worden aan:

1) de Afdeeling voor grondstoffen te Gent, Gouvernementstsraat 18;

2) de vlaskantoren te Kortrijk en te Lokeren.

Mits toestemming van de Afdeeling voor handel en nijverheid, kantoor voor grondstoffen, te Brussel, mag het stroovlas ter bewerking ook verkocht worden aan de inrichtingen voor het bewerken van het vlas in het vlasgebied van Kortrijk.

Art. 4. De stapels stroovlas, bewerkt vlas en klodden van vroegeren of nieuwen oogst moeten, op verlangen van de bevoegde burgerlijke Kommissarissen, afgestaan worden aan de ambtelijke kantoren, die in artikel 3 onder 1 en 2 zijn vermeld. Wordt men het niet eens over den verkoopprijs, dan wordt deze door bedoelde overheden vastgesteld, zoo noodig met raadpleging van een Belgischen deskundige.

Art. 5. Wordt gestraft met ten hoogste drie jaar gevangenis en met ten hoogste 30.000 mark boete of met een van beide straffen :

1) wie zijn stapels niet bij de gemeenteoverheden aangeeft, wie ze niet op tijd aangeeft of wie een valsche aangifte doet. Dezelfde straf is toepasselijk op de burgemeesters, die stapelaangiften niet of niet op tijd aan de burgerlijke Kommissarissen overmaken of aangiften overmaken waarvan zij weten of volgens de omstandigheden moeten weten, dat zij valsch zijn.

2) wie de vastgestelde hoogste prijzen te boven gaat ;

3) wie iemand andeers uitnoodigt tot het sluiten van een verdrag, waardoor de hoogste prijzen overschreden worden of wie zich tot zulk verdrag aanbiedt ;

4) wie stroovlas, bewerkt vlas of klodden zonder toestemming vervoert ;

5) wie stroovlas, bewerkt vlas of klodden verkoopt aan anderen dan de in art. 3 onser 1 en 2 vermelde kantoren, of wie deze zonder toelating verkoopt aan de inrichtingen voor het bewerken van het vlas, of wie deze anderszins van de hand doet ;

6) wie, ondanks het verzoek der bevoegde burgerlijke Kommissarissen, zijn stapels vlas, klodden en stroovlas niet aflevert aan de kantoren, die in art. 3 onder 1 en 2 zijn vermeld ;

7) wie stapels stroovlas, bewerkt vlas of klodden vernietigt of onbruikbaar maakt.

De poging tot overtreding is strafbaar.

De stapels, waarmede de overtreding werd begaan, moeten verbeurdverklaard worden.

De Duitsche krijgsrechtbanken en krijgsbevelhebbers zijn tot oordeelvellen bevoegd.

Brussel, den 10n Februari 1917.
C. C. IV R 2208/II.

VERODRNUNG ***

über den Verkehr mit Säcken.

Art. 1. Nach Massgabe der folgenden Bestimmungen sind die am 1. März 197 (Stichtag) im Gebiete des Generalgouvernements vorhandenen Bestände von Säcken jeder Art (auch Beutel), die ganz oder teilweise aus Textilrohstoffen oder aus sonstigen Textilersatzstoffen hergestellt sind, der Beschlagnahme unterworfen, gleich gültig, ob sie neu oder gebraucht oder im Gebrauch befindlich sind und unabhängig davon, ob sie vollständig gebrauchsfähig sind oder nicht.

Die Eigentümer als auch diejenigen, die sie im Gewahrsam haben, wie Lagerhalter, Spediteure, usw. sind verpflichtet, die Säcke bis zum 10. März 1917 bei der Zentral Einkaufsgesellschaft für Belgien m. b. H., Abteilung Bindegarn, Jonkerstraat 2, anzumelden. Zur Anmeldung verpflichtet ist ferner jeder, der nach dem Stichtage meldepflichtige Gegenstände in Gewahrsam erhalten hat, die vor dem Stichtage bereits an ihn abgesandt waren.

Wer darüber im Unklaren ist, ob er anmeldepflichtig ist oder nicht, hat anzumelden.

Die Anmeldung hat auf Melddescheinen schriftlich zu erfolgen, die bei dem zuständigen Kreischef (Kommandant, Abschnittskommandeur) unentgeltich zu erhalten sind.

Massgebend für die Anmeldung ist der Bestandam Stichtage.

Art. 2. Von der Verpflichtung zur Anmeldung befreit sind Eigentümer mit Mengen von nicht mehr als 50 Säcken, die für den eigenen Gebrauch bestimmt sind.

Art. 3. Die Zentral-Einkaufsgesellschaft für Belgien m. b. H., Abteilung Bindegarn, ist allein berechtigt, die nach Artikel 1 anmeldepflichtigen Bestände aufzukaufen. Soweit ein freihändiger Aufkauf auf Grund der nach Artikel 4 massgebenden Preisberechtung nicht gelingt, können die betreffenden Waren auf Antrag der oben genannten Stelle durch das Generalgouvernement, Sektion K R, zu Gunsten dieser Stelle enteignet werden.

Art. 4. Bei freihändigem Aufkauf ist derjenige Preis zu Grunde zu legen, der für gleichartige Waren in Belgien vor dem 25. Juli 1914 als Verkaufspreis des Fabrikanten handelsüblich war, mit einem Zuschlag von 30 bis 60 %.

Für die freihändig aufgekauften Waren erfolgt Barzahung nach Prüfung der Ware. Im Falle der Enteignung erhält der Ablieferer ein Beitreibungsanerkenntnis über Mengen, Art und Wert der Waren.

Ueber die Entschädigung entscheidet die Reichsentschädigungskommission nach den bestehenden Grundsätzen.

Art. 5. Abgesehen von den Verkäufen an die Zentral-Einkaufsgesellschaft für Belgien, Abteilung Bindefarn, dürfen die nach Artikel 1 der Anmeldepflicht unterliegenden Säcke nicht veräussert werden. Auch ist jede Verarbeitung der Säcke verboten.

Art. 6. Die Besitzer der angemeldeten Gegenstände sind verpflichtet, diese Waren bis auf weiteres zu verwahren und pfleglich zu behandeln. Abgesehen von der Ausnahmebestimmung laut Artikel 5 ist jede Besitzveränderung der anmeldepflichtigen Gegenstände verboten. Der einstwillige ordnungsmässige Weitergebrauch ist zulässig.

Art. 7. Wer künftig Säcke gebraucht, hat bis zum 1. jedes Monats seinen Bedarf für den darauf folgenden Monat unter Angabe des Verwendungszweckes bei der Zentral-Einkaufsgesellschaft für Belgien, Abteilung Bindegarn, anzumelden.

Die Zentral-Einkaufsgesellschaft entscheidet über die Bedürfnisfrage und weist den Verbrauchern die benötigten Säcke gegen Zahlung eines angemessenen Preises zu; hierbei entscheidet die Zentral-Einkaufsgesellschaft auch über das Material der zuzuweisenden Säcke, insbesondere kann sie auch Säcke aus Ersatzstoffen zuweisen oder deren Verwendung im Austauschwege anordnen.

Art. 8. Der Verwaltungschef bei dem Generalgouverneur, Abteilung für Handel und Gewerbe, ist ermächtigt, für besondere Fälle, insbesondere auch für einzelne Betriebe oder Industriezweige, Ausnahmnen von der Vorschrift dieser Verordnung zu gewähren.

Art. 9. Wer den Vorschriften dieser Verordnung vorsätzlich oder grob fahrlässig zuwiderhandelt, wird mit Gefängnis bis zu einem Jahr und Geldstrafe bis zu 20 000 Mark oder mit einer dieser Strafen bestraft, soweit nicht nach allgemeinen Strafgesetzen höhere Strafen verwirkt sind. Daneben ist die Einziehung derjenigen Gegenstände, auf die sich die strafbare Handlung bezieht, zu Gunsten der Zentral-Einkaufsgesellschaft für Belgien zulässig. Bei vorsätzlichen Zuwiderhandlungen gegen diese Verordnung muss auf Einziehung erkannt werden.

Der Versuch ist strafbar.

Art. 10. Zuständig sind die deutschen Militärgerichte und Militärsbefehlshaber.

Art. 11. Die Vorschriften in Artikel 1 Absatz 1, 3, 4, 5, 6, 8 Absatz 1 dieser Verordnung finden keine Anwendung auf die am Stichtage nachweislich im Eigentum der Commission for Relief in Belgium oder des Comité National de Secours et d'Alimentation befindlichen Waren.

Brüssel, den 14. Februar 1917.
C. C. IV A 4637.

Arrêté ***

concernant le trafic des sacs.

Art. 1er. Conformément aux dispositions suivantes, les stocks de sacs de toute espèce fabriqués complétement ou partiellement avec des matières premières textiles ou leurs succédanés quelconques, et se trouvant dans le territoire du Gouvernement général à la date du 1er mars 1917 (jour du relevé), sont soumis à la saisie, peu importe qu'ils soient neufs, usagés ou en usage, et qu'ils soient ou non entièrement en état d'être utilisés.

Les propriétaires desdits sacs ainsi que les personnes qui en détiennent (dépositaires, commissionnaires-expéditeurs, etc.), sont tenis de les déclarer, le 10 mars 1917 au plus tard, à la Zentral-Einkaufsgesellschaft für Belgien m. b. H., Abteilung Bindegarn", rue du Gentilhomme, 2, Est, en outre, tenu de faire la déclaration, quiconque, après le jour du relevé, aura reçu et détiendra des objets déclarables lui expédiés avant le jour du relevé.

Quiconque ne sait pas exactement s'il est obligé ou non de faire une déclaration, est tenu de déclarer.

La déclaration doit se faire par écrit à l'aide de bulletins de déclaration qui seront fournis gratuitement, sur demande, par le chef d'arrondissement (Kreischef) [Kommandant, Abschnittskommandeur] compétent.

La déclaration portera sur les quantités détenues le jour du relevé.

Art. 2. Sont dispensés de l'obligation de déclarer, les propriétaires de quantités de 50 sacs au maximum, lorsque ces sacs destinés à leur usage personnel.

Art. 3. La „Zentral-Einkaufsgesellschaft für Belgien m. b. H., Abteilung Bindegarn" a seule le droit d'acheter les stocks qui doivent être déclarés en vertu de l'article 1er. S'il ne lui est pas possible d'acheter à l'amiable, à un prix établi conformément à l'article 4, les marchandises en question pourront, à la demande et en faveur de l'autorité susmentionnée, être expropriées par la Section K. R. du Gouvernement général.

Art. 4. Pour les achats à l'amiable, on se basera sur le prix de fabrique usuel auquel les marchandises de ce genre se vendaient en Belgique avant le 25 juillet 1914, en tenant compte d'une hausse de 30 à 60 %.

Les marchandises achetées à l'amiable seront payées comptant, après qu'elles auront été examinées. En cas d'expropriation, la personne qui livre les marchandises recevra un bon de réquisition (Beitreibungsanerkenntnis) indiquant les quantités, le genre et la valeur desdites marchandises.

La Commission impériale pour le règlement des indemnités (Reichsentschädigungskommission) décidera au sujet de l'indemnité, conformément aux règles en vigueur.

Art. 5. Abstraction faite des ventes qui seront effctuées à la „Zentral-Einkaufsgeseellschaft für Belgien, Abteilung Bindegarn", les sacs devant être déclarés en vertu de l'article 1er ne pourront pas être cédés. En outre, il est interdit de soumettre ces sacs à un travail quelconque.

Art. 6. Les détenteurs des objets déclarés sont tenus, jusqu'à nouvel ordre, de conserver ces marchandises et d'en avoir soin. Abstraction faite de la disposition dérogatoire de l'article 5, tout changement de détenteur des objets déclarables est interdit. Il est permis de continuer à en faire provisoirement un usage normal.

Art. 7. Quiconque, à l'avenir, utilisera des sacs, sera tenu de faire connaître à la „Zentral-Einkaufsgesellschaft für Belgien, Abteilung Bindegarn", le 1er de chaque mois au plus tard, les quantités qui lui sont nécessaires pour le mois suivant et l'usage qu'il compte en faire.

La „Zentral-Einkaufsgesellschaft" décide si les sacs sont nécessaires ou non et attribue aux intéressés les sacs qui leur sont indispensables, contre payement d'un prix convenable; en même temps, elle décide au sujet de la matière dont seront composés les sacs attribués; elle pourra, notamment, attribuer des sacs fabriqués avec des succédanés de matières textiles, ou bien ordonner l'usage de sacs en cette matière, par voie d'échange.

Art. 8. Dans des cas spéciaux, notamment aussi pour certaines exploitations ou certaines branches d'industrie, le Chef de l'Administration civile près le Gouverneur général, Section du commerce et de l'industrie (Verwaltungschef bei dem Generalgouverneur, Abteilung für Handel und Gewerbe) est autorisé à consentir des exceptions aux prescriptions du présent arrêté.

Art. 9. Quiconque, intentionnellement ou par grave négligence, aura enfreint les prescriptions du présent arrêté, sera puni soit d'un emprisonnement d'un an au plus et d'une amende pouvant atteindre 20 000 marcs, soit d'une de ces deux peines à l'exclusion de l'autre, à moins toutefois que les lois pénales générales ne prévoient l'application d'une peine plus élevée. En outre, on pourra prononcer, en faveur de la „Zentral-Einkaufsgesellschaft für Belgien", la confiscation des objets qui auront donné lieu à l'infraction. Si celle-ci a été commise intentionnellement, la confiscation sera certainement prononcée.

Toute tentative d'infraction est punissable.

Art. 10. Les tribunaux et commandants militaires allemands sont compétents pour juger les infractions au présent arrêté.

Art. 11. Les prescriptions des articles 1er, 1er alinéa, 3, 4, 5, 6 et 8, 1er alinéa, du présent arrêté ne sont pas applicables aux marchandises dont la „Commission for Relief in Belgium" et le Comité national de secours et d'alimentation seront propriétaires le jour du relevé; il faut que leur droit de propriété puisse être établi.

Bruxelles, le 14 février 1917.

C. C. IV A 4637.

Verordening ***

over den handel in zakken.

Art. 1. Al de op 1 Maart 1917 (proefdag) binnen het gebied van het Generalgouvernement voorhanden stapels aan zakken van allen aard die geheel of gedeeltelijk uit textielgrondstoffen of uit andere daartoe dienende stoffen (surrogaten) vervaardigd zijn, worden overeenkomstig onderstaande bepalingen in beslag genomen, om het even of deze voorwerpen nieuw of reeds gebezigd of nog in gebruik zijn en onverschillig of zij al dan niet volkomen bruikbaar zijn.

De eigenaars, evenals zij die bedoelde voorwerpen in bewaring hebben, zooals pakhuishouders, verzenders, enz., moeten de zakken ten laatste op 10 Maart 1917 bij de „Zentral-Einkaufsgesellschaft für Belgien m. b. H., Abteilung Bindegarn", Jonkerstraat 2, aangeven. Verder is ieder die, na den proefdag, aan te geven voorwerpen in bewaring ontvangt welke reeds voor dien dag aan zijn adres waren verzonden, verplicht daarvan aangifte te doen.

Twijfelt iemand of zijn goederen al dan niet aan te geven zijn, zoo moet hij ze aangeven.

De aangifte moet schriftelijk gedaan worden op lijsten van aangifte, die bij den bevoegden Kreischef (Kommandant, Abschnittskommandeur) kosteloos te bekomen zijn. Voor de aangifte geldt de stapel, zooals hij op den proefdag is.

Art. 2. Zijn van de verplichting tot aangifte ontslagen, de eigenaars wier voorraad niet grooter is dan 50 zakken, welke voor eigen gebruik moeten dienen.

Art. 3. De „Zentral-Einkaufsgesellschaft für Belgien m. b. H., Abteilung Bindegarn" is alleen gerechtigd, de overeenkomstig artikel 1 aan te geven stapels op te koopen. Voor zoover geen onderhandsche aankoop op grond der volgens artikel 4 te berekenen prijzen tot stand komt, mag het Generalgouvernement, Sektion K. R., op voorstel van voormeld kantoor de betreffende goederen ten bate van dat kantoor onteigenen.

Art. 4. Bij onderhandschen aankoop dient tot grondslag de prijs, die in Belgie voor 25 Juli 1914 voor soortgelijke goederen als verkoopprijs van den fabrikant in den handel gold; bij dien prijs komt een bijslag van 30 tot 60 %.

De onderhands gekochte goederen worden, na onderzoek er van, met gereed geld betaald. In geval van onteigening ontvangt de leveraar een opeischingsbeweis (Beitreibungsanerkenntnis) waarin hoeveelheid, aard en waarde der goederen zijn aangegeven.

De „Reichsentschädigungskommission" beslist overeenkomstig de bestaande grondregels over de schadeloosstelling.

Art. 5. Afgezien van den verkoop aan de „Zentral-Einkaufsgesellschaft für Belgien, Abteilung Bindegarn", mogen de zakken, die overeenkomstig artikel 1 aan te geven zijn, niet van de hand gedaan worden. Het is ook verboden de zakken te verwerken.

Art. 6. De bezitters der aangegeven voorwerpen zijn verplicht, deze tot nader bericht te bewaren en met zorg te behandelen. Afgezien van de uitzonderingsbepaling van art. 5, is alle bezitsverandering van de aan te geven voorwerpen verboden. Het is toegelaten, voorshands die voorwerpen op regelmatige wijze verder te gebruiken.

Art. 7. Wie in het vervolg zakken noodig heeft, moet voor den 1n van elke maand, aan de „Zentral-Einkaufsgesellschaft für Belgien, Abteilung Bindegarn" mededeelen hoeveel zakken hem voor de volgende maand noodzakelijk zijn en waartoe zij moeten dienen.

De „Zentral-Einkaufsgesellschaft" beslist over de noodwendigheid en staat aan de verbruikers de benoodigde zakken toe, mits betaling van een passenden prijs ; hierbij bepaalt de „Zentral-Einkaufsgesellschaft" eveneens uit welke stof de te verleenen zakken zullen vervaardigd zijn ; inzonderheid kan zij ook zakken uit vervangingsstoffen (surrogaten) toestaan of het gebruik van zulke zakken bij wijze van ruiling bevelen.

Art. 8. Het Hoofd van het burgerlijk bestuur bij den Generalgouverneur, afdeeling voor handel en nijverheid (Verwaltungschef bei dem Generalgouverneur, Abteilung für Handel und Gewerbe) is gemachtigd, voor bijzondere gevallen, inzonderheid ook voor afzonderlijke bedrijven of nijverheidstakken, uitzonderingen op het voorschrift dezer Verordening toe te staan.

Art. 9. Wie de voorschriften dezer Verordening opzettelijk of uit grove nalatigheid overtreedt, wordt met ten hoogste een jaar gevangenis en met ten hoogste 20.000 mark boete of met een van beide straffen gestraft, voor zoover volgens algemeene strafwetten geen zwaardere straffen voorzien zijn. Daarbij kunnen de voorwerpen, waarop de overtreding betrekking heeft, ten bate van de „Zentral-Einkaufsgesellschaft für Belgien" verbeurdverklaard worden. Bij opzettelijke overtredingen dezer Verordening moet de verbeurdverklaring worden uitgesproken.

De poging tot overtreding is strafbaar.

Art. 10. De Duitsche krijgsrechtbanken en krijgsbevelhebbers zijn tot oordeelvellen bevoegd.

Art. 11. De voorschriften van artikel 1, lid 1, van artikelen 3, 4, 5 en 6 en van artikel 8, lid 1, dezer Verordening zijn niet van toepassing op de goederen waarvan bewezen is, dat zij op den proefdag het eigendom waren van de „Commission for Relief in Belgium" of van het Nationaal Hulp- en Voedingskomiteit.

Brussel, den 14n Februari 1917.

C. C. IV A 4637.

VERORDNUNG,

betreffend Bildung zweier Ministerial-Abteilungen für die schönen Künste.

Art. 1. Im Ministerium für Wissenschaft und Kunst wird für die Verwaltung der schönen Künste eine vlämische und eine wallonische Abteilung gebildet.

Art. 2. Für die Zuständigkeit der beiden Abteilungen und die Ausführung dieser Verordnung gelten die Bestimmungen der Verordnungen vom 25. Oktober 1916 (Artikel 2) und vom 13. Dezember 1916 (Gesetz- und Verordnungsblatt S. 2930 und 3054). Der Uebergang der Geschäfte auf die beiden Abteilungen erfolgt am 1. März 1917.

Brüssel, den 14. Februar 1917.

C. C. III A 496.

Arrêté

concernant la création de deux sections ministérielles pour les beaux-arts.

Art. 1er. Il est créé au Ministère des sciences et des

arts, pour l'administration des beaux-arts, une section flamande et une section wallone.

Art. 2. La compétence des deux sections et l'exécution du présent arrêté se régleront d'après les dispositions des arrêtés du 25 octobre 1916 (article 2) et du 13 décembre 1916 (Bulletin officiel des lois et arrêtés, p. 2930 et 3054). La remise des affaires aux deux sections aura lieu le 1er mars 1917.

Bruxelles, le 14 février 1917.
C. C. III A 496.

Verordening

betreffende inrichting van twee ministerieele afdeelingen voor de Schoone Kunsten.

Art. 1. In het ministerie van Wetenschappen en Kunsten wordt voor het beheer van Schoone Kunsten een Vlaamsche en een Waalsche afdeeling ingericht.

Art. 2. Voor de bevoegdheid van beide afdeelingen en de uitvoering dezer Verordening, gelden de bepalingen der Verordeningen van 25 Oktober 1916 (artikel 2) en van 13 December 1916 (Wet- en Verordeningsblad bl. 2930 en 3054). De overdracht der werkzaamheden op beide afdeelingen geschiedt op 1 Maart 1917.

Brussel, den 14n Februari 1917.
C. C. III A 496.

VERFÜGUNG,

betreffend die gemeinsamen Angelegenheiten der vlämischen Abteilungen des Ministeriums für Wissenschaft und Kunst.

Auf Grund des Artikels 2 der Verordnung vom 13. Dezember 1916 und auf Grund der Verordnung vom 14. Februar 1917, C. C. III A 496, bestimme ich unter Abänderung des Artikels 3 der Verfügung des Ministers des Innern und des öffentlichen Unterrichts vom 14. April 1899.

Art. I. Für die Vlämischen Abteilungen des Ministeriums für Wissenschaft und Kunst wird — unter Abtrennung vom Generalsekretariat — mit Wirkung ab 1. Januar 1917 eine gesonderte allgemeine Rechnungsführung eingerichtet, welche nebst der Korrespondenz mit dem Rechnungshofe und dem Finanzministerium einem der Generaldirektoren der vlämischen Abteilungen unterstellt wird. Dieser wird auch mit der Wahrnehmung folgender Geschäfte der vlämischen Abteilung beauftragt:

1. Gemeinsame Angelgenheiten,
2. Verteilung der Eingänge, soweit dieselben nicht an eine der Abteilungen besonders gerichtet sind,
3. Personal-Angelegenheiten (Artikel 3, Absatz 1 der Verfügung vom 14. IV. 1899),
4. Material-Beschaffung, Expedition und amtliche Veröffentlichungen (Artikel 3, Absatz 5 der Verfügung vom 14. IV. 1899, Verfügung vom 15. VII. 1885),
5. Aufstellung der Haushaltsplanes (Artikel 3, Absatz 7 der Verfügung vom 14. IV. 1899).

Art. II. Für die Regelung der in Artikel I genannten Angelegenheiten gelten die bestehenden Vorschriften mit der Massgabe, dass anstelle des Generalsekretärs der mit der Wahrnehmung der Angelegenheiten beauftragte Generaldirektor tritt.

Brüssel, den 14. Februar 1917.
C. C. III A 68/1009.

Arrêté

concernant les affaires communes aux diverses sections flamandes du Ministére des Sciences et des Arts.

Conformément à l'article 2 de l'arrêté du 13 décembre

1916 et à l'arrêté du 14 février 1917, C. C III A 496, et par modification à l'article 3 de l'arrêté du 14 avril 1899 du Ministère de l'intérieur et de l'instruction publique, j'arrête ce qui suit:

Art. 1er. Il est établi pour les sections flamandes du Ministère des sciences et des arts une comptabilité générale distincte, séparée du secrétariat général et dont les écritures prendront cours à partir du 1er janvier 1917; cette comptabilité relèvera, de même que la correspondance avec la Cour des comptes et le ministère des finances, de l'un directeurs généraux des sections flamandes. Ce fonctionnaire sera chargé, en outre, de la gestion des affaires suivantes ayant trait aux sections flamandes:

1. Affaires mixtes.
2. Distribution à la réception, des pièces de la correspondance, à moins qu'elles ne soient adressées spécialement à l'une des sections.
3. Affaires relatives au personnel (article 3, 1er alinéa, de l'arrêté du 14 avril 1899),
4. Economat, expédition et publications officielles (article 3, 5e alinéa, de l'arrêté du 14 avril 1899; arrêté du 15 juillet 1885),
5. Elaboration du budget (article 3, 7e alinéa, de l'arrêté du 14 avril 1899).

Art. II. Le règlement des affaires mentionnées à l'article Ier sera soumis aux prescriptions en vigueur, en tenant compte de ce que le directeur général chargé de la gestion des affaires est substitué au secrétaire général.

Bruxelles, le 14 février 1917.

C. C. III A 68/1009.

Beschikking betreffende de gemeenschappelijke aangelegenheden van de Vlaamsche afdeelingen in het ministerie van Wetenschappen en Kunsten.

Op grond van artikel 2 der Verordening van 13 Decem-

ber 1916 en op grond der Verordening van 14 Februari 1917, C. C. III A 496, bepaal ik, onder wijziging van artikel 3 van het Besluit van 14 April 1899 van den Minister van Binnenlandsche Zaken en Openbaar Onderwijs:

Art. I. Voor de Vlaamsche afdeelingen in het ministerie van Wetenschappen en Kunsten wordt — onder afscheiding van het Algemeen Sekretariaat — een afzonderlijke algemeene rekendienst ingericht, waarvan de werking op 1 Januari 1917 aanvangt en die, samen met de briefwisseling met het Rekenhof en het Ministerie van Financien, onder een van de Algemeene Bestuurders der Vlaamsche afdeelingen wordt geplaatst. Deze ambtenaar is ook belast met het waarnemen van de volgende dienstzaken der Vlaamsche afdeelingen:

1. *Gemeenschappelijke aangelegenheden;*
2. *Verdeeling der ingekomen stukken, voor zoover deze niet uitdrukkelijk tot een der afdeelingen gericht zijn;*
3. *Aangelegenheden betreffende het personeel (artikel 3, lid 1 van het Besluit van 14 April 1899);*
4. *Aanschaffing der benoodigdheden, verzending en ambtelijke bekendmakingen (artikel 3, lid 5 van het Besluit van 14 April 1899, Besluit van 15 Juli 1885);*
5. *Opmaken der begrooting (artikel 3, lid 7 van het Besluit van 14 April 1899).*

Art. II. Voor de regeling der onder artikel I vermelde aangelegenheden gelden de bestaande voorschriften met dien verstande, dat de met het waarnemen der aangelegenheden belaste Algemeene Bestuurder in de plaats treedt van den Algemeenen Sekretaris.

Brussel, den 14n Februari 1917.
C. C. III A 68/1009.

No 315. — 25. FEBRUAR 1917. Pag. 3329.

VERORDNUNG ***

über den Verkehr mit tierischen und pflanzlichen Faserstooffen, deren Halb- und Fertifgabrikaten sowie deren Abfallprodukten.

Art. 1. Nach Massgabe der folgenden Bestimmungen sind die am 1. März 1917 (Sitchtag) im Gebiete des Generalgouvernements vorhandenen Bestände von Waren der nachbezeichneten Arten der Beschlagnahme und Meldepflicht bei den angegebenen Stellen unterworfen.

Es sind anzumelden:

1. Matress-Fiber, Kokos-Fiber, Pisassava-Ersatz, See gras, Crin d'Afrique, Raffia-Bast, Kokosgarn, Kokosstricke sowie bei deren Halb- und Fertigfabrikate und Abfälle, soweit mehr als 10 kg einer Sorte vorhanden sind,
bei der Zentral-Einkaufsgesellschaft für Belgien m. b. H., Abteilung Bindegarne, Brüssel, Jonkerstraat 2.

2. Tierhaare und Tierhaarmischungen jeder Art und Beschaffenheit, wenn insgesamt mehr als 1 kg vorhanden,

3. Wollene, baumwollene oder gemischte Bettflocken (auch wenn sie schon zur Füllung von verkaufsfertigen Matratzen, Kissen usw. verwendet sind), soweit mehr als 5 kg jeder Sorte vorhanden sind,
bei der Einkaufsstelle der Kriegswolle Aktien-Gesellschaft, Brüssel, Grand Hötel, Anspachlaan 29.

4. Leinengarne (auch Nähgarne) und Werggarne bei mehr als 1 kg jeder Qualität, ohne Rücksicht auf Nummer, Farbe oder Aufmachung,

bei der Baumwollabrechnungsstelle, Brüssel, Grand

Hötel, Anspachlaan 29, für die Kriegsrohstoffabteilung Gent.

5. Linoleum, Wachstuch, Gummistoffe und andere Gewebe, die mit Flüssigkeiten imprägniert oder durch Auftragen von anderen Stoffen wasserdicht gemacht sind, in Rollen sowie in abgepassten Stücken, soweit mehr als 30 qm einer vorhanden Qualität sind, ohne Rücksicht auf Farbe, Grösse und Muster,

6. Abgepasste Tischtücher und Servietten, zugeschnitten oder gesäumt, bei mehr als 15 Tischtüchern und mehr als 60 Servietten in einer Qualität, ohne Rücksicht auf Farbe, Grösse und Muster,

7. Alle Webwaren, welche aus Seide hergestellt sind, Seide oder Kunstseide enthalten, ohne Rücksicht auf Farbe und Muster, bei mehr als 100 m in einer Breite bis 60 cm und weniger und von 50 m und mehr bei über 60 cm Breite in einer Qualität,

8. Rohseide, Abfallseide bei mehr als 1 kg jeder Sorte,

9. Seide Garne, auch Nähgarne, bei mehr als 1 kg jeder Sorte, ohne Rücksicht auf Nummer, Farbe oder Aufmachung,

10. Gewirkte, gestrickte oder aus Stoffen oder Filz hergestellte Wickelgamaschen, Knieewärmer, Leibbinden, Kopfschützer, Pulswärmer, Lungenschützer, Ohrenklappen bei mehr als 30 Stück jeder Sorte, ohne Rücksicht auf Qualität und Grösse,

11. Sammete (auch Seidensammete, Leinen-, Plüsch- und Hutsammete), soweit in einer Qualität, ohne Rücksicht auf Farbe und Breite, mehr als 100 m vorhanden sind,

12. Neue Wagen- und Schiffsdecken und Pläne,

13. Filze aller Art, neu und gebraucht, Filzplatten, Filzpfropfen, Filzdecken und Rollenfilze, ferner technische Filze aller Art, wie Polier- und Schleiffilze, Dichtungsfilze, Unterlagsfilze, Kesselfilze, Papierfilze (auch

wenn in Gebrauch), Manchons, Druckfilze, Sattelfilze, Geschirrfilze u. s. w.,
bei dem Militärischen Textil-Beschaffungsamt, Brüssel, Wetenschapstraat 35.

Von den unter 2 und 3 bezeichneten Waren sind ferner neu anfallende oder neu hergestellte Bestände monatlich anzumelden.

Art. 2. Zur Anmeldung verpflichtet sind alle natürlichen und juristischen Personen, Gesellschaften, Ver bände und Vereinigingen, privatrechtlicher oder öffentlich-rechtlicher Natur, die am 1. März 1917 (Stichtag) Waren der in Artikel 1 bezeichneten Art in Gewahrsam haben. Befinden sich solche Waren nicht im Gewahrsam des Eigentümers, so sind sie sowohl von Eigentümer als auch von demjenigen anzumelden, der sie in Gewahrsam hat (Lagerhalter, Spediteur usw.).

Zur anmeldung verpflichtet ist ferner jeder, nach der dem Stichtage meldepflichtige Gegenstände in Gewahrsam erhält, die vor dem Stichtage bereits an ihn abgesandt waren.

Wer darüber im unklaren ist, ob er anmeldepflichtig ist oder nicht, hat anzumelden.

Art. 3. Die Anmeldung der Bestände nach Art und Gewichtsmenge oder Stückzahl jeder Art hat bis spätestens 10. März 1917 unter Beifügung eines Musters für jede Art schriftlich zu erfolgen und zwar auf Meldescheinen, die bei dem zuständigen Kreischef (Kommandant, Abschnittskommandeur) und den in Artikel 1 bezeichneten Meldestellen unentgeltlich zu erhalten sind.

Massgebend für die Anmeldung ist der Bestand am Stichtage.

Die im Artikel 1 Absatz 3 vorgeschriebenen Monatsmeldungen haben bis zum 10. jedes Monats zu erfolgen.

Art. 4. Die in Artikel 1 bezeichneten Meldestellen

sind berechtigt, die anmeldepflichtigen Bestände aufzukaufen. Soweit ein freihändiger Ankauf auf Grund der nach Artikel 5 massgebenden Preisberechnung nicht gelingt, können die betreffenden Waren enteignet werden. Die Enteignung erfolgt bei den in Artikel 1 Nr. 1 bis 4 bezeichneten Waren durch das Generalgouvernement, Sektion K. R., im übrigen durch das Militärische Textil-Beschaffumgsamt.

Art. 5. Bei freihändigem Ankauf ist derjenige Preis zu Grunde zu legen, der für gleichartige Waren in Belgien vor dem 25. Juli 1914 als Verkaufspreis des Fabrikanten handelsüblich war, mit einem Zuschlag von 20 bis 45 %. Für die freihändig angekauften Waren wird bei der Anlieferung der Waie 50 % des festgesetzten Preises, der Rest nach Prüfung der Ware gezahlt. Im Falle der Enteignung erhält der Ablieferer ein Beitreibungsanerkenntnis über Menge, Art und Wert der Ware über die Entschädigung entscheidet die Reichsentschädigungskommission nach den bestehenden Grundsätzen.

Art. 6. Abgesehen von den im Artikel 4 bezeichneten Verkäufen dürfen die in Artikel 1 Nr. 11 und 12 genannten Waren weder veräussert noch verarbeitet werden.

Von den übrigen Waren darf nur der zehnte Teil der anmeldepflichtigen Bestände, ausser den Verkäufen an die genannten Stellen und Gesellschaften, veräussert oder verarbeitet werden. Im übrigen dürfen Waren dieser Art weder veräussert noch verarbeitet werden.

Als Verarbeitung im Sinne dieser Vorschrift gilt insbesondere das Spinnen, Zwirnen, Färben, Weben, Stricken, Wirken, Zerschneiden, Zerteilen, Weiterverarbeiten usw. Weitere Freigaben können nur durch den Verwaltungschef, Abteilung für Handel und Gewerbe, erteilt werden.

Art. 7. Die Besitzer der nach Artikel 1 anmeldepflichtigen Gegenstände haften für diese und sind verpflichtet, diese bis auf weiteres zu verwahren und pfleglich zu behandeln. Abgesehen von der Ausnahmebestimmung des Artikels 4 Satz 1 ist auch jede Besitz- und Ortsveränderung der anmeldepflichtigen Gegenstände verboten.

Art. 8. Alle in der Verordnung aufgeführeten Waren unterliegen, soweit ihr Transport nicht schon durch die Transportverordnung vom 5. September 1916 genehmigungspflichtig ist, vom Tage des Inkrafttretens dieser Verordnung an der Transport-Genehmigungspflicht.

Transportgenehmigungen werden durch den Verwaltungschef, Abteilung für Handel und Gewerbe, erteilt.

Art. 9. Wer den Vorschriften dieser Verordnung vorsätzlich oder grob fahrlässig zuwiderhandelt, wird mit Gefängnis bis zu einen Jahr und Geldstrafe bis zu 20 000 Mark oder mit einer dieser Strafen bestraft, soweit nicht nach allgemeinem Strafgesetz höhere Strafen verwirkt sind. Daneben ist die Einziehung derjenigen Gegenstände, auf die sich die strafbare Handlung bezieht, zulässig. Bei vorsätzlichen Zuwiderhandlungen gegen diese Verordnung muss auf Einziehung erkannt werden. Der Versuch ist strafbar.

Art. 10. Zuständig sind die deutschen Militärgerichte und Militärbefehlshaber.

Art. 11. Die Vorschriften der Artikel 4, 5, 6, 7 und 9 Absatz 1, Satz 2 dieser Verordnung finden keine Anwendung auf die am Stichtage nachweislich im Eigentum der Commission for Relief in Belgium oder des Comité National de Secours er d'Alimentation befindlichen Waren.

Brüssel, den 14. Februar 1917.
C. C. IV A 4500.

Arrêté ***

concernant le trafic des matières à fibres animales et végétales, de leurs produits mi-ouvrés ou finis et de leurs déchets.

Art. 1er. Sont saisis et doivent être déclarés aux autorités indiquées ci-après, conformément aux dispotions suivantes, les stocks de marchandises se trouvant le 1er mars 1917 (jour du relevé) dans le territoire du Gouvernement général et rentrant dans les catégories désignées ci-dessous:

1. Fibres „Matress", fibres de coco, fibres de piazzava, fibres des succédanés du piazzava, varech, crin d'Afrique, raphia, fils de coco, cordes de coco, ainsi que les produits mi-ouvrés ou finis et les déchets de ces matières, s'il s'agit d'un stock de plus de 10 kg. de la même sorte de marchandises;
la déclaration doit se faire à la „Zentral-Einkaufsgesellschaft für Belgien m. b. H., Abteilung Bindegarne", à Bruxelles, 2, rue du Gentilhomme.

2. Poils d'animaux et crins ainsi que leurs mélanges de toute sorte et de toute qualité, s'il s'agit de plus d'un kg. pour l'ensemble de toutes les sortes;

3. Flocons de laine, de coton ou mélangés (y compris ceux qui se trouvent déjà dans les matelas, coussins, etc. prêts à être vendus), s'il s'agit d'une quantité de plus de 5 kg. de chaque sorte;
la déclaration doit se faire au bureau d'achat (Einkaufstelle) de la „Kriegswolle Aktien-Gesellschaft", Bruxelles, Grand Hôtel, 29, Boulevard Anspach.

4. Fils de lin (y compris les fils à coudre) et fils d'étoupe, s'il s'agit de plus d'un kg. de chaque qualité, sans distinction de numero, de couleur ou d'arrangement;
la déclaration doit se faire à la „Baumwollabrechnungsstelle", Bruxelles, Grand Hôtel, 29, Boulevard Anspach,

à destination de la „Kriegsrohstoffabteilung" de Gand.

5. Linoléum, toile cirée, tissus caoutchoutés et autres imprégnés ou rendus imperméables par un enduit d'autres matières, — en rouleaux ou en pièces de dimensions déterminées — s'il s'agit d'un stock de plus de 30 m^2. d'une même qualité, sans distinction de couleur, de dessin et de dimensions;

6. Nappes et serviettes, coupées à mesure ou ourlées s'il s'agit de plus de 15 nappes ou de plus de 60 serviettes d'une même qualité, sans distinction de couleur, de dimensions et de dessin;

7. Tous les tissus de soie et ceux contenant de la soie naturelle ou artificielle, sans distinction de couleur et de dessin, s'il s'agit soit de plus de 100 mètres d'une même qualité, pour une largeur de 60 centimètres ou moins, soit de 50 mètres ou plus d'une même qualité, pour une largeur de plus de 60 centimètres;

8. Soie brute, bourre de soie, s'il s'agit de plus d'un kg. de chaque sorte;

9. Fils de soie, y compris fils à coudre, s'il s'agit de plus d'un kg. de chaque sorte, sans distinction de numéro de couleur ou d'arrangement;

10. Bandes-jambières, genouillères, ceintures hygiéniques, capuchons et bachlicks, etc., mitons, plastrons, oreillettes, soit en tricot ou en tissu à mailles, soit en étoffe ou en feutre, s'il s'agit de plus de 30 pièces de chaque sorte, sans distinction de qualité ou de demensions

11. Velours (y compris les velours de soie de lin, de peluche et les velours pour chapeaux), s'il s'agit de plus de 100 mètres d'une même qualité, sans distinction de couleur et sans tenir compte de la largeur;

12. Bâches et couvertures neuves servant à recouvrir les chargements des voitures et des bateaux;

13. Feutres de toute sorte, neufs ou usagés, plaques de feutre, bouchons de feutre, couvertures de feutre,

feutres en rouleaux et, en outre, feutres industriels de toute sorte, tels que feutres à polir et à adoucir, feutres pour joints, feutres pour semelles de machines, feutres pour chaudières, feutres pour papeteries (y compris ceux qui sont en usage), manchons, blanchets de presse d'imprimerie, feutres de sellerie, etc.;
la déclaration doit se faire au „Militärisches Textil-Beschaffungsamt", à Bruxelles, 35, rue de la Science.

Quant aux marchandises désignées aux nos 2 et 3, toutes les quantités qui seront nouvellement obtenues ou produites devront être déclarées mensuellement.

Art. 2. Sont tenus de faire la déclaration, toutes les personnes physiques ou civiles et les socétiés, groupements et associations du droit privé ou public qui, le 1er mars 1917 (jour du relevé), détiennent des marchandises rentrant dans les catégories désignées à l'article 1er. Si lesdites marchandises ne sont pas détenues par le propriétaire, elles devront être déclarées à la fois par celui-ci et par le détenteur (dépositaire, commissionnaire-expéditeur, etc.).

Est, en outre, tenu de faire la déclaration, quiconque, après le jour du relevé, recevra et détiendra des objets déclarables qui lui ont été expédiés avant le jour du relevé.

Quiconque ne sait pas exactement s'il est obligé ou non de faire une déclaration, est tenu de déclarer.

Art. 3. La déclaration des stocks, par catégorie et avec indication soit du poids soit du nombre de pièces pour chaque catégorie, doit avoir lieu par écrit le 10 mars 1917 au plus tard; la déclaration, à laquelle on joindra un échantillon de chaque catégorie de marchandises, se fera au moyen de bulletins de déclaration *ad hoc* qui, sur demande, seront fournis gratuitement par le chef d'arrondissement (Kreischef) [Kommandant, Abschnittskommandeur,] compétent et par les autorités désignées à l'article 1er.

La déclaration portera sur les quantités détenues le jour du relevé.

Les déclarations mensuelles prescrites par l'article 1er, 3e alinéa, doivent se faire au plus tard le 10 de chaque mois.

Art. 4. Les autorités nommées à l'article 1er ont le droit d'acheter les stocks qui doivent être déclarés. S'il ne leur est pas possible d'acheter à l'amiable à un prix établi conformément à l'article 5, les marchandises en question pourront être expropriées. Lorsqu'il s'agira de marchandises désignées à l'article 1er, nos 1 à 4, l'expropriation se fera par la Section K. R. du Gouvernement général; dans les autres cas, ce sera le „Militärisches Textil-Beschaffungsamt" qui se chargera d'exproprier.

Art. 5. Pour les achats à l'amiable, on se basera sur le prix de fabrique usuel auquel les marchandises de ce genre se vendaient en Belgique avant le 25 juillet 1914, en tenant compte d'une hausse de 20 à 45 p. c. Les marchandises achetées à l'amiable se payeront comme suit: à la livraison, 50 % du prix fixé; le reste sera versé après examen des marchandises. Si les marchandises sont expropriées, la personne qui les livre recevra un bon de réquisition (Beireibungsanerkenntnis) indiquant la quantité, le genre et la valeur desdites marchandises; la „Reichsentschädigungskommission" (Commission impériale pour le règlement des indemnités) décidera au sujet de l'indemnité, conformément aux règles en vigueur.

Art. 6. Abstraction faite des ventes prévues à l'article 4, les marchandises désignées à l'article 1er, nos 11 et 12, ne peuvent être ni cédées ni mises en œuvre.

Des autres marchandises tombant sous l'application du présent arrêté, la dixiéme partie seulement des stocks déclarables peut être cédée ou mise en œuvre, à l'exception toutefois des quantités vendues aux autorités et sociétés précitées. Toutes les autres quantités desdites marchandises ne peuvent être ni cédées ni mises en œuvre

Par mise en œuvre, aux termes du présent arrêté, il faut entendre notamment la filature, le retordage, la teinture, le tissage, le tricotage, le découpage, l'effilochage, toute continuation de fabrication, etc. Seul le Chef de l'Administration civile, Section du commerce et de l'industrie (Verwaltungschef, Abteilung für Handel und Gewerbe) a le droit d'autoriser la levée de saisie d'autres quantités.

Art. 7. Les détenteurs des objets déclarables en vertu de l'article 1er en sont responsables et sont tenus de les conserver et d'en avoir soin jusqu'à nouvel ordre. Abstraction faite de la disposition dérogatoire de l'article 4, 1re phrase, tout changement de détenteur et de lieu de dépôt des objets déclarables est interdit.

Art. 8. A partir du jour de l'entrée en vigueur du présent arrêté, toutes les marchandises visées par lui et dont le transport n'est pas déjà soumis à une autorisation (conformément à l'arrêté du 5 septembre 1916 concernant le transport des marchandises), ne pourront être transportées qu'en vertu d'une autorisation.

Les autorisation de transport seront accordées par le Chef de l'Administration civile, Section du commerce et de l'industrie.

Art. 9. Quiconque, intentionnellement ou par grave négligence, aura enfreint les dispositions du présent arrêté, sera puni soit d'un emprisonnement d'un an au plus et d'une amende pouvant atteindre 20 000 marcs, soit d'une de ces deux peines à l'exclusion de l'autre, à moins toutefois que les lois pénales générales ne prévoient l'application d'une peine plus élevée. En outre, on pourra prononcer la confiscation des objets qui auront donné lieu à l'infraction. Si l'infraction a été commise intentionnellement, la confiscation sera certainement prononcée.

La tentative d'infraction est punissable.

Art. 10. Les tribunaux et commandants militaires allemands sont compétents pour juger les infractions au présent arrêté.

Art. 11. Les dispositions des articles 4, 5, 6, 7 et 9, 1er alinéa, 2e phrase, du présent arrêté ne sont pas applicables aux marchandises dont la „Commission for Relief in Belgium" et le Comité national de secours et d'alimentation seront propriétaires le jour du relevé; il faut que leur droit de propriété puisse être établi.

Bruxelles, le 14 février 1917.

C. C. IV A 4500.

Verodening ***

over den handel in stoffen van dierlijke en plantaardige vezels, in de halfafgewerkte of afgewerkte fabrikaten, evenals in de afvalvoortbrengselen daarvan.

Art. 1. De stapels van hieronder vermelde soorten van goederen, op 1 Maart 1917 (proefdag) binnen het gebied van het Generalgouvernement voorhanden, zijn, naar den maatstaf der volgende bepaling, in beslag genomen en moeten op de aangeduide kantoren worden aangegeven.

Moeten worden aangegeven :

1. Matress-vezels, kokosvezels, piassava-vezels, surrogaten van piassava-vezels, zeegras, Afrikaansch paardenhaar, raffibast, kokosgaren, kokoskoorden, evenals halfafgewerkte en afgewerkte fabrikaten en afval daarvan, zooverre meer dan 10 kg. van dezelfde soort voorhanden is, bij de „Zentral-Einkaufsgesellschaft für Belgien m. b. H., Anteilung Bindegarne", Jonkerstraat 2, te Brussel ;

2. Dierenhaar en mengelingen van dierenhaar van elke soort en van elke hoedanigheid, zooverre in 't geheel meer dan 1 kg. voorhanden is ;

3. Wollen, katoenen of gemengde bedvlokken (ook wan-

neer zij reeds tot vulling van tot den verkoop gereedgemaakte matrassen, kussens, enz. gebruikt zijn), zooverre meer dan 5 kg. van elke soort voorhanden is,
bij de „Einkaufsstelle der Kriegswolle Aktien-Gesellschaft", Grand Hotel, Anspachlaan 29, te Brussel.

4. Linnengaren (ook naaigaren) en werkgaren, zooverre meer dan 1 kg. van iedere hoedanigheid voorhanden is, om het even welke het nummer, de kleur of de schikking zij,
bij de „Baumwollabrechnungsstelle", Grand Hotel, Anspachlaan 29, te Brussel voor de „Kriegsrohstoffabteilung te Gent.

5. Linoleum, wasdoek, gecaoutchouteerde en andere weefsels, met vloeistoffen doordrongen of door bestrijken met andere stoffen waterdicht gemaakte weefsels, in rollen evenals in afgemeten stukken, zooverre meer dan 30 vierkante meter van dezelfde hoedanigheid voorhanden is, om het even welke de kleur, de teekening en de grootte zij.

6. Afgemeten tafellakens en servetten, gesneden of gezoomd, zooverre meer dan 15 tafellakens en meer dan 60 servetten van dezelfde hoedanigheid voorhanden zijn, om het even welke de kleur, en de grootte de teekening zij.

7. Alle weefstels, uit zijde vervaardigd, of die zijde of kunstzijde bevatten, om het even welke de kleur en de teekening zij, zooverre meer dan 100 m. op een breedte tot 0,60 m. en daaronder of 50 m. en daarboven, op een breedte van meer dan 0,60 m. van dezelfde hoedanigheid voorhanden zijn.

8. Ruwe zijde, zijdeafval, zooverre meer dan 1 kg. van elke soort voorhanden is.

9. Zijden garen, ook naaigaren, zooverre meer dan 1 kg. van elke soort voorhanden is, om het even welke het nummer, de kleur en de schikking zij.

10. Gebreide of uit stoffen of vilt vervaardigde kuitbanden, knieverwarmers, gezondheidsbanden, hoofdkappen, polsverwarmers, borstlappen, oorlappen, zooverre meer dan 30 stuk van elke soort voorhanden zijn, om het het even welke de hoedanigheid en de grootte zij.

11. Fluweel (ook zijdenfluweel, linnenfluweel, pluche en fluweel voor de hoedenmakerij), zooverre meer dan 100 m. van dezelfde hoedanigheid voorhanden is, om het even welke de kleur en de breedte zij.

12. Nieuwe wagen- en scheepsdekens en dekzeilen.

13. Allerhande vilt, nieuw en gebruikt, vilten platen, vilten proppen, vilten dekens en vilten rollen, verder allerhande nijverheidsvilt, zooals polijst- en slijpvilt, sluitvilt, vilten onderplaten, ketelvilt, papiervilt (ook wanneer het in gebruik is), kousjes, drukkerijvilt, zadelvilt, getuigvilt, enz.,

bij het Militärisches Textilbeschaffungsamt", Wetenschapstraat 35, te Brussel.

Van de onder 2 en 3 vermelde goederen, moeten ook nieuw verkregen of vervaardigde stapels maandelijks worden aangegeven.

Art. 2. Alle natuurlijke en rechtspersonen, vennootschappen, bonden en vereenigingen van privaatrechtelijke of openbaarrechtelijke natuur, die op 1Maart 1917 (proefdag) goederen van den onder artikel 1 vermelden aard in bewaring hebben, zijn verplicht daarvan aangifte te doen. Heeft de eigenaar goederen als hierboven bedoeld zelf niet in bewaring, zoo moeten zij zoowel door den eigenaar als door den persoon, die ze in bewaring heeft (stapelhouder), verzender, enz.) worden aangegeven.

Zoo ook is eenieder, die na den proefdag aan te geven voorwerpen in bewaring ontvangt, welke voor den proefdag reeds aan hem verzonden waren, verplicht aangifte te doen.

Wie in twijfel verkeert of hij al dan niet aangifte te doen heeft, moet aangeven.

Art. 3. De aangifte der stapels moet, naar aard en gewicht of aantal stuks van elke soort, ten laatste op 10

Maart 1917 schriftelijk geschieden; voor elke soort moet een staal bijgevoegd worden. De aangifte is te doen op formulieren, die bij den bevoegden Kreischef (Kommandant, Abschnittkommandeur) en op de onder artikel 1 aangeduide kantoren van aangifte kostelloos verkrijgbaar zijn gesteld.

Tot maatstaf voor de aangifte dient de stapel zooals hij op den proefdag is.

De bij artikel 1, 3e lid, voorgeschreven maandelijksche aangiften moeten uiterlijk op 10 van elke maand geschieden

Art. 4. De onder artikel 1 vermelde kantoren van aangifte zijn gerechtigd, de aan te geven stapels op te koopen. Bijaldien een onderhandsche aankoop op grond van de volgens artikel 5 geldende prijsberekening niet tot stand komt, kunnen de betreffende goedren onteigend worden. De onteigening geschiedt voor de goederen, aangeduid onder artikel 1, nrs 1 tot 4, door het „Generalgouvernement Sektion K. R.", voor het overige door het „Militärisches Textilbeschaffungsamt".

Art. 5. Bij onderhandschen aankoop zal de prijs tot grondslag dienen, die voor den 25n Juli 1914 in België voor gelijksoortige goederen als fabrieksprijs in den handel gold, met een bijslag van 20 tot 45 %. Voor de onderhands aangekochte goederen, wordt bij de aflevering der waar 50 % op den vastgestelden prijs, het overige na onderzoek der goederen betaald. In geval van onteigening bekomt de afleveraar een opvorderingsbewijs over hoeveelheid, aard en waarde der goederen; over de schadeloosstelling beslist de Rijkskommissie tot schadeloosstellingen (Reichsentschädigungskommission) naar de bestaande grondregelen.

Art. 6. Afgezien van de verkoopen waarvan sprake onder artikel 4, mogen de onder artikel 1, nrs 11 en 12, aangeduide goederen noch van de hand gedaan noch verwerkt worden.

Van de andere goederen mag slechts het tiende deel der

aan te geven stapels, buiten de verkoopen aan voornoemde kantoren en vennootschappen, van de hand gedaan of verwerkt worden. Voor het overige mogen goederen van dezen aard noch van de hand gedaan noch verwerkt worden.

Als verwerking in den zin van dot voorschrift geldt inzonderheid het spinnen, twijnen, verwen, weven, breiden, versnijden, vaneenscheuren, verder verwerken, enz. Het Hoofd van het burgerlijk bestuur, Afdeeling vor handel en nijverheid (Verwaltungschef, Abteilung für Handel und Gewerbe) alleen kan grootere hoeveelheden der hooger bedoelde goederen vrij verklaren.

Art. 7. De bezitters der overeenkomstig artikel 1 aan te geven voorwerpen zijn voor deze verantwoordelijk en verplicht, ze tot nader bericht te bewaren en zorgzaam te behandelen. Afgezien van de uitzonderingsbepaling van artikel 4, 1e lid, is ook elke verandering van bezit en van plaats der aan te geven voorwerpen verboden.

Art. 8. Het vervoer van de hiervoren bedoelde goederen wordt met ingang van de vankrachtwording dezer Verordening afhankelijk gesteld van een vervoertoelating, zooverre die niet reeds, krachtens de Verordening van 5 September 1916 op het vervoer, voor deze goederen vereischt is.

Het Hoofd van het burgerlijk bestuur, Afdeeling voor handel en nijverheid, verleent de vervoertoelatingen.

Art. 9. Wie de bepalingen dezer Verordening opzettelijk of uit grove nalatigheid overtreedt, wordt met ten hoogste een jaar gevangenis en met ten hoogste 20.000 mark boete, of met één van beide straffen gestraft, zooverre volgens de algemeene strafwet geen zwaardere straffen voorzien zijn. Daarbij is de verbeurdverklaring toegelaten van de voorwerpen, die het voorwerp uitmaken van de overtreding. In geval van opzettelijke overtredingen van deze Verordening moet de verbeurdverklaring worden uitgesproken.

De poging tot overtreden is strafbaar.

Art. 10. De Duitsche krijgsrechtbanken en krijgsbevelhebbers zijn tot oordeelvellen bevoegd.

Art. 11. De voorschriften van artikelen 4, 5, 6, 7 en 9, 1ste lid, 2de zin, dezer Verordening zijn niet van toepassing op de goederen, waarvan bewezen is, dat zij op den proefdag de eigendom waren van de „Commission for Relief in Belgium" of van het Nationaal Hulp- en Voedingskomiteit.

Brussel, den 14n Februari 1917.
C. C. IV A 4500.

VERORDNUNG ***

betreffend industrielle Betriebe und Werkstätten.

§ 1. Vom 1. märz 1917 an dürfen industrielle Betriebe jeglicher Art, insbesondere Fabrikbetriebe, nur mit Genehmigung des Verwaltungschefs (Abteilung für Handel und Gewerbe) weiter betrieben werden. Als Fabrikbetriebe im Sinne dieser Vorschrift gelten auch Werkstätten, welche mehr als 12 Lohnarbeiter einschliesslich Werkmeister, Vorarbeiter und Aufseher beschäftigen oder Motoren von mehr als 5 Pferdekräften in Betrieb haben oder monatlich mehr als 5 t Kohlen oder Koks oder andere Brennstoffe verbrauchen.

Als Weiterbetrieb im Sinne dieser Vorschrift ist jegliches Erzeugen, Verarbeiten und Verbrauchen von Rohstoffen, Halb- und Fertigfabrikaten, sowie jegliches hierzu dienende Verbrauchen von Kohle, Koks oder anderen Brennstoffen anzusehen.

§ 2. Neubauten von Werksanlagen jeglicher Art sowie bauliche Veränderungen an solchen Anlagen sind vom 1. März 1917 ab nur mit Genehmigung des Verwaltungschefs (Abteilung für Handel und Gewerbe) zulässig.

Der Genehmigung bedarf es auch für die Fortsetzung bereits begonnener Neubauten oder Umbauten, die am 1 März nicht beendet sind.

§ 3. Gesuche um Genehmigung zum Weiterbetrieb (§ 1) sowie zur Vornahme oder Fortsetzung von Neubauten und baulichen Veränderungen (§ 2) sind in doppelter Ausfertigung bei dem zuständigen Präsidenten der Zivilerwaltung einzureichen.

Die Gesuche um Genehmigung zum Weiterbetrieb müssen enthalten:

1. Kurze schätzungsweise Angabe der vorhandenen Vor räte an Kohlen, Koks, Eisen und Stahl;
2. Angabe des Wertes, der Menge sowie der Bestimmung der laufenden und weiter beabsichtigen Produktion,
3. Schätzungsweise Angabe des künftigen Monatsbedarfes an hauptsächlich gebrauchten Materialien, insbesondere an Kohle, Koks, Eisen und Stahl unter Angabe der Bezugsorte,
4. Schätzungsweise Angabe der Zahl der Eisenbahn- und Kleinbahnwagen und der Schiffsraummenge, die für den Bezug der unter 3) genannten Mengen und den Versand der Erzeugnisse (Ziffer 2) benötigt werden.

In den Gesuchen um Genehmigung zur Vornahme oder Fortsetzung von Neubauten usw. ist die Notwendigkeit und Dringlichkeit darzutun, sowie Art, Menge und Bezugsorte der benötigten Baumaterialen anzugeben.

§ 4. Einer Genehmigung zum Weiterbetrieb (§ 1) bedarf es nicht für die nachstehend aufgeführten Betriebsarten, soweit die einzelnen Werke im Zeitpunkt des Inkrafttretens dieser Verordnung in Betrieb sind:

Steinkohlenbergwerke, Kokereien,

Gaswerke, Wasserwerke, Elektrizitätslieferungswerke

die ausschliesslich im öffentlichen Interesse arbeiten,
Phosphatgruben und -Werke,
Mühlen,
Kleinbahnen,
Strassenbahnen.

§ 5. Wer den Bestimmungen dieser Verordnung vorsätzlich oder fahrlässig zuwiderhandelt, wird mit Gefängnis bis zu 2 Jahren und Geldstrafe bis zu 100 000 Mark oder mit einer dieser beiden Strafen bestraft.

Zuständig sind die deutschen Militärgerichte und Militärbefehlshaber.

Brüssel, den 17. Februar 1917.

C. C. IV A 4907.

Arrêté ***

concernant les exploitations industrielles et les ateliers.

§ 1er. A partir du 1er mars 1917, les exploitations industrielles quelconques, notamment les fabriques, ne pourront continuer à travailler qu'avec l'assentiment du Chef de l'Administration civile, Section du commerce et de l'industrie (Verwaltungschef, Abteilung für Handel und Gewerbe). Par fabriques, aux termes du présent arrêté, il faut entendre aussi soit les ateliers qui occupent plus de 12 ouvriers salariés, y compris les contremaitres, les chefs-ouvriers et les surveillants, soit les entreprises qui utilisent des moteurs de plus de 5 H. P., ou qui consomment plus de 5 tonnes de charbon, de coke ou d'autres combustibles.

Aux termes du présent arrêté, l'interdiction de continuer l'exploitation vise toute production, tout travail ou toute sonsommation de matières premières, de produits mi-ouvrés ou de produits finis, ainsi que toute consommation, à cette fin, de charbon, de coke ou d'autres combustibles.

§ 2. A partir du 1er mars 1917, il ne sera plus permis de construire de nouveaux bâtiments industriels quelconques ou d'apporter des modifications aux établissements industriels existants, si ce n'est avec l'autorisation du Chef de l'Administration civile, Section du commerce et de l'industrie.

L'autorisation sera aussi nécessaire pour la continuation de travaux en cours relatifs à des constructions nouvelles ou à des modifications apportées à des constructions déjà existantes, si ces travaux ne sont pas terminés à la date du 1er mars 1917.

§ 3. Les demandes d'autorisation de continuer une exploitation (§ 1er) ou bien d'entamer ou de continuer des travaux relatifs à des constrictions nouvelles ou à des modifications apportées à des constructions déjà existantes (§ 2) doivent être introduites en double expédition auprès du Président compétent de l'Administration civile (Président der Zivilverwaltung).

Les demandes d'autorisation de continuer une exploitation doivent indiquer:

1. D'une façon succincte et suivant évaluation, les stocks de charbon, de coke, de fer et d'acier dont on dispose;
2. La valeur, l'importance (quantité) et la destination de la production en cours et de la production prévue pour l'avenir;
3. En ce qui concerne les matières principalement utilisées, notamment le charbon, le coke, le fer et l'acier, les quantités qui, suivant évaluation, seront mensuellement nécessaires, ainsi que les lieux de provenance;
4. Le nombre des wagons de chemins de fer, y compris ceux des lignes vicinales, et le tonnage des bateaux ou navires, qui, suivant évaluation, seront nécessaires pour amener les quantités désignées au chiffre 3 ainsi que pour expédier les produits (chiffre 2).

Les demandes d'autorisation d'entamer ou de continuer des travaux relatifs à des constructions nouvelles, etc. doivent établir la nécessité et l'urgence de ces travaux, ainsi que la nature, la quantité et les lieux de provenance des matériaux de construction nécessaires.

§ 4. L'autorisation de continuer l'exploitation (§ 1er) n'est pas nécessaire pour les catégories d'exploitations mentionnées ci-après, pourvu qu'il s'agisse, dans chaque cas particulier, d'une exploitation en activité au moment de l'entrée en viguer du présent arrêté:

Charbonnages, fours à coke,

Usines à gaz, à eau ou à électricité, travaillant exclusivement dans l'intérêt public,

Mines et usines à phosphate,

Moulins de tout genre,

Chemins de fer vicinaux,

Tramways.

§ 5. Quiconque, intentionellement ou par négligence, aura enfreint les dispositions du présent arrêté, sera puni soit d'un emprisonnement de 2 ans au plus et d'une amende pouvant atteindre 100.000 marcs, soit d'une de ces deux peines à l'exclusion de l'autre.

Les tribunaux et commandants militaires allemands sont compétents pour juger les infractions au présent arrêté.

Bruxelles, le 17 février 1917.
C. C. IV A 4907.

Verordening ***

betreffende nijverheidsinrichtingen en werkhuizen.

§ 1. Van 1 Maart 1917 af, mogen om het even welke nijverheidsinrichtingen, inzonderheid fabrieken, het werk niet meer voortzetten zonder de toestemming van het Hoofd van het burgerlijk bestuur, Afdeeling voor handel en nij-

verheid (Verwaltungschef, Abteilung für Handel und Gewerbe). Als fabrieken in den zin van dit voorschrift worden ook beschouwd werkhuizen, waarin meer dan 12 loonwerklieden — werkmeesters, meestergasten en opzieners inbegrepen — werken of waar motoren van meer dan 5 paardenkracht in gebruik zijn, of waar maandelijks meer dan 5 ton kolen of koks of andere brandstoffen verstookt worden.

Onder voortzetting van het werk, in den zin van dit voorschrift, is te verstaan alle voortbrenging, verwerking en verbruik van grondstoffen, halfafgewerkte en afgewerkte fabrikaten, evenals elk verbruik daartoe van kolen, koks of andere brandstoffen.

§ 2. Van 1 Maart 1917 af, is voor het bouwen van om het even welke werkinrichtingen, alsook voor het wijzigen van de gebouwen van dergelijke inrichtingen, de toestemming vereischt van het Hoofd van het burgerlijk bestuur (Afdeeling voor handel en nijverheid).

De toestemming is eveneens vereischt om de in gang zijnde werken tot opbouw of wijziging van gebouwen voort te zetten, zoo die werken op 1 Maart nog niet voltooid zijn.

§ 3. De aanvragen om het werk te mogen voortzetten (§ 1), evenals de aanvragen om met het optrekken of wijzigen van gebouwen te mogen aanvangen of om deze werken te mogen voortzetten (§ 2), moeten in twee exemplaren bij den bevoegden voorzitter van het burgerlijk bestuur (Präsident der Zivilverwaltung) ingediend worden.

De aanvragen om het werk te mogen voortzetten moeten bevatten :

1. *Beknopte aangifte bij benadering, van de voorhanden stapels aan kolen, koks, ijzer en staal ;*
2. *Aangifte van de waarde, van de hoeveelheid, alsook van de bestemming der loopende en der verder voorgenomen voortbrengst ;*
3. *Aangifte bij benadering van de toekomend maande-*

lijksche benoodigdheden aan hoofdzakelijk gebruikte grondstoffen, inzonderheid aan kolen, koks, ijzer en staal ; de plaats van waar deze grondstoffen betrokken worden, is daarbij aan te geven ;

4. Aangifte bij benadering, van het aantal spoor- of buurtspoorwagens en van de scheepsruimte, die voor het betrekken van de onder 3) vermelde hoeveelheden, evenals voor het vervoer van de voortbrengselen (nr 2) benoodigd zijn.

In de aanvragen om met het optrekken van gebouwen te mogen aanvangen of om den bouw er van te mogen voortzetten enz., dient de noodzakelijkheid en de dringendheid bewezen te worden ; ook is de aard, de hoeveelheid en de plaats vanwaar de noodige bouwstoffen betrokken worden op te geven.

§ 4. Voor de hieronder opgesomde soorten van bedrijven mag, zooverre de verschillende werken op het oogenblik van het van kracht worden dezer Verordening in gang zijn, het werk zonder toestemming (§ 1) worden voortgezet :

Steenkolenmijnen, koksfabrieken,
gaswerken, waterwerken, elektriciteit leverende fabrieken, die uitsluitend in het openbaar belang werken,
fosfaatgroeven en -fabrieken,
allerhande molens,
buurtspootwegen,
trams,

§ 5. Wie de bepalingen dezer Verordening opzettelijk of uit nalatigheid overtreedt, wordt met ten hoogste 2 jaar gevangenis en met ten hoogste 100.000 mark boete, of met een van beide straffen gestraft.

De Duitsche krijgsrechtbanken en krijgsbevelhebbers zijn tot oordeelvellen bevoegd.

Brussel, den 17n Februari 1917.
C. C. IV A 4907.

No 316. — 28. FEBRUAR 1917. Pag. 3345.

VERORDNUNG, ***

betreffend die Zuständigkeit der Oelzentrale in Belgien.

Unter Aufhebung meiner Verordnung vom 14. August 1915 (Gesetz- und Verordnungsblatt Nr. 107) ordne ich folgendes an:

Art. I. Die Zuständigkeit der Oelzentrale in Belgien erstreckt sich auf folgende Stoffe und die daraus stammenden Erzeugnisse, Mischungen und Rückstände:

Bezeichnung:	Gewichtsgrenzen für die Anzeigepflicht nach Art. II und III.
a) Oelsaaten und Oelfrüchte aller Art, Oelkuchen	20 kg.
b) Mineralische, pflanzliche und tierische Oele und Fette einschliesslich Wollfett, Gerbfett, Paraffin, Zeresin, Asphalt, Erdölpech, jedoch ausschliesslich Benzin und Benzol und der aus Teer gewonnenen Stoffe	20 kg.
c) Petroleum	50 kg.
d) Mineralische, pflanzliche und tierische Wachse	20 kg.
e) Oellacke, Oelfarben, Oelfirnisse, Terpentinöl, Terpentinöl-Ersatz (White spirit)	20 kg.
f) Harze, Gummiarabikum, Kopale, Kopallacke, Schellack.	20 krg.
g) Glyzerin, glyzerinhaltige Walzenmasse	5 kg.
h) Glyzerinwasser	50 kg.
i) Glyzerinhaltige Unterlaugen ..	100 kg.
k) Fettsäure, Olein, Stearin	20 kg.
l) Seife im Sinne der Verordnung vom 7, Februar 1917 (Gesetz- und Verordnungsblatt nr. 312	anzeigefrei

Bezeichnung:	Gewichtsgrenzen für die Anzeigepflicht nach Art. II und III.
m) Kerzen	5 kg.
n) Fetthaltige Schuh- und Metall-Putzmittel................	20 kg.
o) Knochen, Knochenschrot, Knochenmehl, Knochenkohle	100 kg.
p) Hörner, Hornschläuche, Hufe, Klauen..................	100 kg.
q) Hautabfälle (Leimleder), Hasen- und Kaninnudeln	100 kg.
r) Leim, Gelatine	50 kg.
s) Kalzium-Karbid............	50 kg.
t) Tierkadaver, Abdeckereierzeugnisse, Schlachtshofabfälle ..	wegen Anzeigepflicht siehe Verordnung vom 8. April 1916 (Gesetz- und Verordnungsblatt nr. 202).

Die Art. II. am 17 Februar 1917 im Gebiet des Generalgouvernements vorhanden Bestände der im Artikel I genannten Stoffe sind der Oelzentrale, sofern sie über die im Artikel I angegebenen Gewichtsgrenzen hinausgehen, bis zum 1. Marz 1917 schriftlich anzuzeigen.

Art. III. Bestände der im Artikel I genannten Stoffe, die im Gebiete des Generalgouvernements gewonnen oder dorthin eingeführt werden, sind der Oelzentrale, sofern sie über die im Artikel I angegebenen Gewichtsgrenzen hinausgehen, innerhalb zweier Tage nach der Gewinnung oder Einfuhr schriftlich anzuzeigen.

Art. IV. Die Bestimmung des Artikel III findet auch auf Bestände, die den Besitz wechseln, Anwendung. Vor jedem Besitzwechsel muss die Genehmigung der Oelzentrale eingeholt werden.

Art. V. Verpflichtet zu den in Artikel II und III vorgeschriebenen Anzeigen sind:

a) der Eigentümer,

b) der Besitzer oder Lagerhalter,

c) jeder, der berechtigt ist, im eigenen oder fremden Interesse über die Ware zu verfügen.

Die durch eine dieser Personen erfolgte Anzeige befreit die übrigen von ihrer Anzeigepflicht; der Name des Eigentümers muss in der Anzeige enthalten sein, auch wenn die Anzeige von den unter *b* oder *c* erwähnten Personen erfolgt.

Der Nachweis der Anzeige kann nur durch eine von der Oelzentrale ausgestellte Bescheinigung erbracht werden.

Art. VI. Die Oelzentrale ist berechtigt, die angezeigten Waren anzukaufen, zu beschlagnahmen oder für den Verbrauch, den Handel oder die Verarbeitung freizugeben.

Die Anzeigepflichtigen haben sich bis zu der von der Oelzentrale getroffenen Entscheidung jeder rechtlichen oder tatsächlichen Verfügung über die angezeigten Bestände zu enthalten, dabei aber für ihre unveränderte Erhaltung zu sorgen.

Art. VII. Oelsaaten und Oelfrüchte dürfen selbst in Mengen unter 20 kg nicht ohne Genehmigung der Oelzentrale verarbeitet werden. Ein Verkauf von Oelsaaten und Oelfrüchten auf dem Halm ist in jeder Menge nur mit Genehmigung der Oelzentrale zulässig.

Art. VIII. Sofern in den vorstehenden Bestimmungen nichts anderweitiges angeordnet ist, bleiben die Sonderverordnungen, die hinsichtlich der in Artikel I genannten Stoffe erlassen sind, in Kraft.

Art. IX. Zuwiderhandlungen gegen die Vorschriften dieser Verordnung werden mit Geldstrafe bis zu 20 000 M. und mit Gefängnis bis zu 6 Monaten oder mit einer dieser beiden Strafen geahndet. Gleichzeitig ist auf Einziehung der nicht angezeigten Warenbestände nebst den Einrichtungen, die zu ihrer Herstellung oder Verarbeitung gedient haben, zu erkennen.

Zuständig sind die deutschen Militärgerichte und Militärbefehlshaber.

Brüssel, den 17. Februar 1917.
C. C. IV. A. 4315.

Arrêté ***

concernant la compétence du Bureau central des huiles (Oelzentrale) en Belgique.

J'abroge mon arrêté du 14 août 1915 (Bulletin officiel des lois et arrêtés, no 107) et arrête ce qui suit:

Art. 1er. La compétence du Bureau central des huiles en Belgique s'étend aux produits désignés ci-dessous ainsi qu'à leurs dérivés, mélanges et résidus:

Désignation.	Poids maximum exonérant de l'obligation de déclarer (articles II et III).
a) Graines oléagineuses et fruits oléagineux de toute espèce, tourteaux	20 kg.
b) Huiles et graisses minérales, végétales et animales, y compris le suint, le dégras, la paraffine, la cérésine, l'asphalte, le bitume, mais à l'exclusion de la benzine et du benzol et des matières provenant de la distillation du goudron	20 kg.
c) Pétrole	50 kg.
d) Cires minérales, végétales et animales	20 kg.
e) Vernis à l'huile, couleurs à l'huile, enduits à l'huile, huile de térébenthine, huile simili-térébenthine (white spirit)	20 kg.
f) Résines, gomme arabique, gomme copal, vernis copal, gomme laque	20 kg.

Désignation.	Poids maximum exonérant de l'obligation de déclarer (articles II et III).
g) Glycérine, pâte à base de glycérine pour rouleaux d'imprimerie	5 kg.
h) Eau glycérineuse	50 kg.
i) Lessive résiduaire	100 kg.
k) Acide gras, oléine, stéarine...	20 kg.
l) Savons aux termes de l'arrêté du 7 février 1917 (Bulletin officiel des lois et arrêtés, no. 312)	Exemptés de la déclaration.
m) Bougies et cierges	5 kg.
n) Produits gras servant à cirer les chaussures et à polir les métaux	20 kg.
o) Os, os concassés, farine d'os, noir animal................	100 kg.
p) Cornes, cornillons, sabots (parures de maréchalerie), onglons	100 kg.
q) Rognures de peaux (brochettes), vermicelles de peaux de lapins et de lièvres........	100 kg.
r) Colle, gélatine	50 kg.
s) Carbure de calcium	50 kg.
t) Animaux crevés, produits des clos d'équarrsisage, déchets des abattoirs	En ce qui concerne l'obligation de déclarer, voir l'arrêté du 8 avril 1916 (Bulletin officiel des lois et arrêtés no. 202).

Art. II. Les stocks des produits désignés à l'article Ier qui, à la date du 17 février 1917, se trouveront dans le territoire du Gouvernement général, devront être déclarés par écrit avant le 1er mars 1917 au Bureau central des huiles, du moment que leur poids dépasse le maximum fixé audit article.

Art. III. Les stocks des produits désignés à l'article Ier qui sont originaires du territoire même du Gouvernement général ou qui y ont été importés, doivent être déclarés pas écrit au Bureau central des huiles dans les deux jours suivant la production ou l'importation, du moment que leur poids dépasse le maximum fixé.

Art. IV. La disposition de l'article III s'applique également aux stocks qui changent de détenteur. Tout changement de détenteur est soumis à l'autorisation préalable du Bureau central des huiles.

Art. V. Sont obligés de faire les déclarations prévues aux articles II et III:

a) le propriétaire,

b) le détenteur ou le dépositaire,

c) quiconque est autorisé à disposer des produits, soit dans son propre intérêt, soit dans l'intérêt d'autrui.

Dès qu'une de ces personnes a effectué la déclaration, les autres sont dispensées de l'obligation de déclarer; la déclaration doit mentionner le nom du propriétaire, même lorsqu'elle est faite par l'une des personnes déterminées sub *b*) ou *c*).

Seules les décharges délivrées lors de la déclaration par le Bureau central des huiles seront admises comme preuves de la déclaration.

Art. VI. Le Bureau central des huiles est autorisé soit à acheter les produits déclarés, soit à les saisir, soit à consentir à ce qu'ils soient utilisés, négociés ou mis en œuvre.

En attendant la décision du Bureau central des huiles, les personnes à qui incombe la déclaration doivent s'abstenir de toute disposition juridique ou effective des stocks déclarés, tout en les conservant de manière qu'ils ne subissent aucune modification.

Art. VII. Les graines oléagineuses et les fruits oléagineux, même lorsque les quantités n'atteignent pas 20 kg., ne peuvent être travaillés sans l'autorisation du Bureau central des huiles. La vente des graines oléagineuses et des fruits oléagineux de plantes sur pied ne peut, quelle que soit la quantité, avoir lieu qu'avec l'assentiment du Bureau central des huiles.

Art. VIII. Les arrêts spéciaux publiés antérieurement au sujet des produits désignés à l'article 1er restent en vigueur, pour autant qu'il n'y soit pas dérogé par les dispositions qui précèdent.

Art. IX. Quiconque aura enfreint les prescriptions du présent arrêté, sera puni soit d'une amende pouvant atteindre 20.000 marcs et d'un emprisonnement de 6 mois au plus, soit de l'une de ces deux peines à l'exclusion de l'autre. En même temps, on prononcera la confiscation des stocks non déclarés ainsi que des installarions ayant servi à leur production ou à leur mise en œuvre.

Les tribunaux et commandants militaires allemands sont compétents pour juger les infractions au présent arrêté.

Bruxelles, le 17 février 1917.
C. C. IV A 4315.

Verordening ***

betreffende de bevoegdheid der Oliecentrale in Belgie.

Onder opheffing mijner Verordening van 14 Augustus 1915 (Wet- en Verordeningsblad no. 107), verorden ik het navolgende ;

Art. I. De bevoegdheid der Oliecentrale (Oelzentrale) in Belgie strekt zich uit over de volgende stoffen en de daaruit vervaardigde voortbrengselen, mengelingen en overblijfselen :

Aanduiding :	*Grens van het gewicht der aan te geven stapels (artikelen II en III).*
a) *Oliezaden en olievruchten van om het even welke soort, oliekoeken*	*20 kg.*
b) *minerale, plantaardige en dierlijke oliën en vetten met inbegrip van wolvet, looivet, paraffine, ceresine, asfalt, aardoliepek, doch met uitzondering van benzine en benzol en van de uit teer gewonnen stoffen*	*20 kg.*
c) *petroleum*	*50 kg.*
d) *minerale, plantaardige en dierlijke wassen*	*20 kg.*
e) *olielakken, olieverven, olievernissen, terpentijnolie, similterpentijnolie (white spirit)*	*20 kg.*
f) *harsen, Arabische gom, kopal, kopallakken, schellak*	*20 kg.*
g) *glycerine, glycerinehoudende massa voor drukrollen*	*5 kg.*
h) *glycerinewater*	*50 kg.*
i) *glycerinehoudende onderloogen* .	*100 kg.*
k) *vetzuren, oleine, stearine*	*20 kg.*
l) *zeep in den zin der Verordening van 7 Februari 1917 (Wet- en Verordeningsblad nr. 312)* ..	*niet aan te geven.*
m) *kaarsen*	*5 kg.*
n) *vethoudende poetsmiddelen voor schoenen en metalen*	*20 kg.*
o) *beenderen, beendergort, beendermeel, beenderkool*	*100 kg.*
p) *horens, horenhulzen, hoeven, klauwen*	*100 kg.*
q) *huidafval (lijmleder), hazen- en konijnennoedels*	*100 kg.*
r) *lijm, gelatine*	*50 kg.*
s) *kalciumkarbid*	*50 kg.*
t) *krengen, voortbrengselen der vilderijen, slachtshuisafval*	*voor de verplichting tot aangifte, zie Verordening van 8 April 1916 (Wet- en verordeningsblad nr. 202).*

Art. II. De stapels aan onder artikel I vermelde stoffen, die op 17 Februari 1917 binnen het gebied van het Generalgouvernement voorhanden zijn, moeten, zoover hun gewicht de onder artikel I aangegeven grens te boven gaat, ten laatste op 1 Maart 1917 bij de Oliecentrale schriftelijk aangegeven zijn.

Art. III. De stapels aan onder artikel I vermelde stoffen, die binnen het gebied van het Generalgouvernement gewonnen of in dat gebied ingevoerd worden, moeten, zoover hun gewicht de onder artikel I aangegeven grens te boven gaat, binnen twee dagen na de voortbrengst of den invoer, bij de Oliecentrale schriftelijk aangegeven worden.

Art. IV. De bepaling van art III is ook van toepassing op stapels, die van bezitter veranderen. Voor elke verandering van bezitter is de toestemming der Oliecentrale vereischt.

Art. V. Zijn verplicht de onder artikelen II en III voorgeschreven aangiften te doen :

a) de eigenaar,

b) de bezitter of de stapelhouder,

c) al wie gerechtigd is, voor eigen of voor andermans rekening, over de waar te beschikken.

Als een dezer personen de stapels aangeeft, zijn de andere van de aangifte ontslagen ; de naam van den eigenaar moet in de aangifte vermeld zijn, ook wanneer een der onder b of c vermelde personen de aangifte doet.

De aangifte kan alleen door een getuigschrift der Oliecentrale bewezen worden.

Art. VI. De Oliecentrale is gerechtigd, de aangegeven waren aan te koopen, in beslag te nemen of voor het gebruik voor den handel of ter verwerking af te staan.

De personen, die gehouden zijn de stapels aan te geven, moeten zoolang de Oliecentrale geen beslissing genomen heeft, zich onthouden van elke rechtelijke en daadwerkelijke beschikking over de aangegeven stapels ; zij moeten er ech-

ter voor zorgen dat de stapels ongeschonden bewaard blijven.

Art VII. Oliezaden en olievruchten mogen zelfs in hoeveelheden van minder dan 20 kg. niet verwerkt worden, tenzij met toelating der Oliecentrale. Oliezaden en olievruchten op stam mogen, om het even bij welke hoeveelheden, alleen met toelating der Oliecentrale verkocht worden.

Art. VIII. Zoover in de vorenstaande bepalingen niet anders wordt beschikt, blijven de bijzondere Verordeningen, die betreffende de onder artikel I vermelde stoffen uitgevaardigd werden, van kracht.

Art. IX. Wie de voorschriften dezer Verordening overtreedt, wordt met ten hoogste 20.000 mark *boete en met ten hoogste 6 maand gevangenis of met één van beide straffen gestraft. Tezelfder tijd moet de verbeurdverklaring worden uitgesproken van de niet aangegeven stapels en van de inrichtingen, die tot het vervaardigen of verwerken er van hebben gediend.*

De Duitsche krijgsrechtbanken en krijgsbevelhebbers zijn tot oordeelvellen bevoegd.

Brussel, den 17n Februari 1917.
C. C. IV. A. 4315.

VERORDNUNG.

Einziger Artikel.

Der im Jahre 1917 zu erhebende Beitrag zu dem in Art. 10 und 20 des Gesetzes vom 24. Dezember 1903 vorgesehenen Fonds zur Sicherung des Schadenersatzes für Arbeitsunfälle wird für Unternehmer, die am 31 Dezember 1916 von der Beitragspflicht zu diesem Fonds nicht befreit waren, auf vier Franken für jedes beitragspflichtige Unternehmen und auf einen Franken für jeden in einem solchen beschäftigen Arbeiter festgesetzt.

Brüssel, den 17. Februar 1917.
C. C. II*aa* 1514.

Arrêté.

Article unique.

La cotisation à percevoir en 1917, à charge des chefs d'entreprise qui, à la date du 31 décembre 1916, n'étaient pas exemptés de l'obligation de contribuer au Fonds de garantie prévu par les articles 10 et 20 de la loi du 24 décembre 1903 sur la réparation des dommages résultant des accidents du travail, est fixée à quatre francs par entreprise assujettie au paiement et à un franc par ouvrier occupé dans ces entreprises.

Bruxelles, le 17 février 1917.
C. C. II*a* 1514.

Verordening.

Eenig artikel.

De in 1917 te innen bijdrage ten laste der ondernemers, die op 31 December 1916 niet ontslagen waren van de verplichte storting in het waarborgfonds, voorztien bij artikelen 10 en 20 uit de wet van 24 December 1903, betrekkelijk de vergoeding voor werkongevallen, is vastgesteld op den grondslag eener taks van 4 frank per onderneming, die onder de bepalingen van bedoelde wet valt, en eener taks van 1 frank voor iedereen in een dergelijke onderneming in dienst zijnden werkman.

Brussel, den 17n Februari 1917.
*C. C. II*a *1514.*

VERFÜGUNG.

In Abänderung des Art. 1 der Verfügung vom 29 April 1916 über die Unterrichtssprache in den Gemeindeschulen u.s.w. der an den Sprachgrenzen gelegenen Orte (G. u. V. Bl. S. 2089) und des Artikels 1 der Verfügung vom 22. April 1916 über die Unterrichtssprache in den Gemeindeschulden u.s.w. es vlämischen Landesteiles (G. und V. Bl. S. 2056) werden

1) die Gemeinde Aubel mit Ausnahme des Teiles Klause, unter die an der vlämisch-wallonischen Sprachgrenze gelegenen Orte,
2) die Gemeinde Molenstede unter die zum vlämischen Landesteil gehörenden Orte eingereiht.

Brüssel, den 18. Februar 1917.
C. C. III A. 1124.

Arrêté.

Par dérogation à l'article 1er de l'arrêté du 29 avril 1916, concernant la langue véhiculaire dans les écoles communales, adoptées et adoptables des localités de la frontière linguistique (Bull. off. des lois et arr., p. 2809), et à l'article 1er de l'arrêté du 22 avril 1916, concernant la langue véhiculaire dans les écoles communales, adoptées et adoptables de la partie flamande du pays (Bull. off. des lois et arr., p. 2056), il est décidé que

1) la commune d'Aubel (à l'exception du quartier de la Clouse) fera partie des localités de la frontière linguistique flamande-wallonne,
2) la commune de Molenstede sera comprise parmi les localités appartenant à la partie flamande du pays.

Bruxelles, le 18 février 1917.
C. C. III A 1124.

Beschikking.

Onder wijziging van artikel 1 der beschikking van 29

April 1916 over de voertaal in de gemeentescholen, enz. van de gemeenten der taalgrens (Wet- en Verordeningsblad bl. 2089) en van artikel 1 der beschikking van 22 April 1916 over de voertaal in de gemeentescholen, enz. van het Vlaamsche land (Wet- en Verordeningsblad bl. 2056) worden

1. *de gemeente Aubel, met uitzondering van de wijk Klause, onder de op de VlaamscheWaalsche taalgrens belegen gemeenten,*
2. *de gemeente Molenstede onder de tot het Vlaamsche land behoorende gemeenten gerangschikt.*

Brussel, den 18n Februari 1917.

C. C. III. A. 1124.

No 317. — 2. MÄRZ 1917. Pag. 3357.

BEKANNTMACHUNG.

Mit Zustimmung des Hernn Generalgouverneurs in Belgien habe ich gemäss den Verordnungen vom 17. Februar und 26 August 1915 die Firma Société d'Electricité de l'Escaut S. A. in Antwerpen unter Zwangsverwaltung gestellt. Zum Zwangsverwalter habe ich Herrn Rittmeister Wahl in Antwerpen ernannt.

Brüssel, den 22. Februar 1917.

C. C. IV. A. 5104.

Avis.

Avec l'approbation de Son Excellence M. le Gouverneur général en Belgique et conformément aux arrêtés des 17 février et 26 août 1915, j'ai mis la Société d'Electricité de l'Escaut, société anonyme, à Anvers, sous séquestre et nommé séquestre M. Wahl, Rittmeister, à Anvers.

Bruxelles, le 22 février 1917.

C. C. IV A 5104.

Bekendmaking.

Met goedkeuring van den Heer Generalgouverneur in België, heb ik, overeenkomstig de Verordeningen van 17 Februari en 26 Augustus 1915 de firma „Société d'Electricité de l'Escaut, S. A.", te Antwerpen onder dwangbeheer geplaatst. Tot dwangbeheerder heb ik den Heer Rittmeister W a h l, te Antwerpen, benoemd.

Brussel, den 22n Februari 1917.
C. C. IV. A. 5104.

VERORDNUNG,

betreffend Abänderung der Verordnung vom 15. Juni 1916 über die Beschlagnahme und Verwendung der Gerste sowie der Malzkeime aus dem Erntejahr 1916.

Einziger Artikel.

Ziffer I 2 des Artikels 3 der Verordening vom 15. Juni 1916, betreffend die Beschlagnahme und Verwendung der Gerste sowie der Malzkeime aus dem Erntejahr 1916 (Gesetz- und Verordnungsblatt S. 2273), erhält nachtstehende Fassung:

„2) Zur Herstellung von Grütze nach Massgabe eines aufzustellenden Verteilungsplanes".

Brüssel, den 24 Februar 1917.
C. C. VII 1418.

Arrêté

modifiant l'arrêté du 16 Juin 1916 concernant la saisie et l'emploi de l'orge, de l'escourgeon et des radicelles récoltés en 1916.

Article unique.

L'article 3, chiffre I 2, de l'arrêté du 15 juin 1916 concernant la saisie et l'emploi de l'orge, de l'escourgeon et des radicelles récoltés en 1916 (Bulletin officiel de lois et arrêtés, p. 2273), est à présent rédigé comme suit:

„2) certaines quantités seront destinées à la fabrication du gruau, conformément à un plan de répartition à établir."

Bruxelles, le 24 février 1917.
C. C. VII 1418.

Verordening

houdende wijziging van de Verordening van 15 Juni 1916, betreffende inbeslagneming en gebruik van de gerst, evenals van de moutkiemen uit het oogstjaar 1916.

Eenig artikel.

Artikel 3, cijfer I, 2, der Verordening van 15 Juni 1916, betreffende inbeslagneming en gebruik van de gerst, evenals van de moutkiemen uit het oogstjaar 1916 (Wet- en Verordeningsblad, bl. 2273), zal voortaan luiden:

„2) Tot het vervaardigen van gort, volgens een op te mamaken verdeelingsrooster."

Brussel, den 24n Februari 1917.
C. C. VII. 1418.

VERORDNUNG ***

über die Heraufsetzung des Ausmahlungsgrades.

§ 1. In Abänderung meiner Verordnung über Vermahlung und Beförderung von Brotgetreide vom 8. 7. 1916 (G. u. V. Bl. S. 2401 § 4) setze ich auf Vorschlag der Zentral-Ernte-Kommission bis auf weiteres den

*** Sehe Seite 1. — Voyez page 1. — Zie blz 1.

Ausmahlungsgrad für das inländische sowie für das eingeführte Getreide auf 90% fest. Dieser Ausmahlungsrgad ist dahin zu verstehen, dass aus 100 Teilen Getreide nicht mehr als 90 Teile Mehl gewonnen werden dürfen. Der festgessetzte Ausmahlungsgrad gilt auch für das Korn der Selbstversorger.

Haftbar für die Innehaltung des Ausmahlungsgrades sind die zur Verarbeitung von Brotgetreide zugelassenen Mühlen.

§ 2. Diese Verordnung tritt am 5. März d. Js. in Kraft.

Brüssel, den 27. Februar 1917.
Z. E, K. 772/17.

Arrêté ***

concernant l'évévation du rendement de la mouture.

§ 1er. Par dérogation à mon arrêté du 8 juillet 1916 concernant la mouture et le transport des céréales destinées à la panification (Bull. off. des lois et arr. p. 2401, § 4) et sur la proposition de la Commission centrale de la récolte (Zentral-Ernte-Kommission), j'ai fixé, jusqu'à nouvel ordre, à 90 % le rendement de la mouture du blé indigène ou importé. Ce pourcentage signifie que 100 parties du blé ne doivent pas donner plus de 90 parties de farine. Le pourcentage déterminé par le présent arrêté est aussi applicable au blé des producteurs qui est destiné à leur alimentation personnelle ainsi qu'à celle de leur famille et de leur personnel. Les moulins admis à moudre le blé répondent de l'observation du rendement prescrit.

§ 2. Le présent arrêté entrera en vigueur le 5 mars 1917.

Bruxelles, le 27 février 1917.
Z. E. K. 772/17.

Verordening ***

betreffende de verhooging van den maalgraad.

§ 1. Onder wijziging van mijn Verordening van 8 Juli 1916, over het malen en vervoeren van koren (Wet- en Verordeningsblad, bl. 2401, § 4), stel ik, op voorstel van de Centrale Oogstkommissie (Zentral-Ernte-Kommission), den maalgraad zoowel voor inheemsch als voor ingevoerd koren tot nader bericht vast op 90 %. Deze maalgraad is zoo te verstaan, dat uit 100 deelen koren niet meer dan 90 deeleu meel mogen worden gewonnen. De vastgestelde maalgraad geldt eveneens voor het koren, dat voor de voeding van de verbouwers zelf dient.

De molens, die de toelating hebben om koren te malen, zijn verantwoordelijk voor het nakomen van bovenstaand voorschrift betreffende den maalgraad.

§ 2. Deze Verordening wordt met ingang van 5 Maart 1917 van kracht.

Brussel, den 27n Februari 1917.
Z. E. K. 772/17.

BEKANNTMACHUNG. ***

Auf Grund meiner Verordnung vom 8. Juli 1916, betreffend die Ernte-Kommissionen sowie der dazu am 8. Juli 1916 erlassenen Ausführungsbestimmungen, habe ich auf Vorschlag der Zentral-Ernte-Kommission die Höchstpreise für den Verkauf von erdroschenen Brotgetreide, Mehl, Kleie und Brot bis auf weiteres wie folgt festgesetzt:

Für	**Weizen, ab Lager oder Mühle geliefert ....**	**Franken**	**49.09**	**für**	**100**	**kg.**
„	**Roggen ab Lager oder Mühle geliefert ....**	**„**	**28.34**	**„**	**„**	**„**

Für Mengekorn ab Lager oder Mühle geliefert	**Franken**	**29.67**	**für**	**100**	**kg.**
„ ungeschälten Spelz ab Lager oder Mühle geliefert	**„**	**26.18**	**„**	**„**	**„**
„ Kleie, ab Mühle geliefert	**„**	**21.50**	**„**	**„**	**„**
„ Weizenmehl, den Bäckern oder Verbrauchern geliefert	**„**	**57.77**	**„**	**„**	**„**
„ Roggenmehl den Bäckern oder Verbrauchern geliefert	**„**	**34.72**	**„**	**„**	**„**
„ Mengekornmehl den Bäckern oder Verbrauchern geliefert..	**„**	**36.20**	**„**	**„**	**„**
„ Weizenbrot, den Verbrauchern geliefert	**„**	**—.51**	**„**	**1**	**kg.**

Diese Höchstpreise treten am 5. März d. J. in Kraft.

Den Provinzial-Ernte-Kommissionen wird die Befugnis erteilt, für den Bezirk einzelner Gemeinden auf Antrag oder nach Anhörung der Bürgermeister, je einen niedrigeren Höchstpreis für Weizenbrot, sowie Höchstpreise für Brot, zu dessen Zubereitung Roggenmehl verwandt wird, festzusetzten.

Für die Verkäufe der Erzeuger von Brotgetreide an das Comité National de Secours et d'Alimentation bleiben die in den Ausführungsbestimmungen zu der Verordnung, betreffend die Ernte-Kommissionen vom 8 Juli 1916 festgesetzten Höchstpreise, in Geltung.

Brüssel, den 27. Februar 1917.
Z. E. K. 773/17.

Avis. ***

Comme suite à mon arrêté du 8 juillet 1916, concernant les Commissions de la récolte (Ernte-Kommissionen) et aux dispositions réglementaires du 8 juillet 1916 dudit arrêté, j'ai, sur la proposition de la Commission centrale de la récolte (Zentral-Ernte-Kommission), fixé, jusqu'à nouvel avis, les prix maxima suivants, applicables aux ventes de blé battu, farine, son et pain:

froment pris au dépôt ou au moulin....	**fr.**	**49.09**	**les**	**100 kg.**
seigle pris au dépôt ou au moulin	**„**	**28.34**	**„**	**„ „**
méteil pris au dépôt au moulin	**„**	**29.67**	**„**	**„ „**
épautre non pelé pris au dépôt ou au moulin	**„**	**26.18**	**„**	**„ „**
son pris au moulin	**„**	**21.50**	**„**	**„ „**
farine de froment livrée aux boulangers ou aux consommateurs	**„**	**57.77**	**„**	**„ „**
farine de seigle livrée aux boulangers ou aux consommateurs	**„**	**34.72**	**„**	**„ „**
farine de méteil livrée aux boulangers ou aux consommateurs	**„**	**36.20**	**„**	**„ „**
pain de froment livré aux consommateurs	**„**	**—.51**	**„**	**le kg.**

Ces prix maxima entreront en vigueur le 5 mars 1917.

Les Commissions provinciales de la récolte auront le droit, dans certaines communes, sur la demande du bourgmestre ou après avoir entendu ce dernier, d'abaisser le prix maximum du pain de froment, ainsi que d'établir des prix maxima pour le pain contenant de la farine de seigle.

Pour le blé vendu par les producteurs au Comité national de secours et d'alimentation, les prix maxima déterminés dans les dispositions réglementaires de l'arrêté du 8 juillet 1916, concernant les Commissions de la récolte (Ernte-Kommissionen), restent en vigueur.

Bruxelles, le 27 Février 1917.
Z. E. K. 773/17.

Bekendmaking. ***

Op grond mijner Verordening van 8 Juli 1916 betreffende de Oogstkommissies, evenals der uitvoeringsbepalingen van 8 Juli 1916 tot deze Verordening, heb ik, op Voorstel der Centrale Oogstkommissie (Zentral-Ernte-Kommision), de hoogste prijzen voor den verkoop van gedorscht koren, meel, zemelen en brood voorhands als volgt vastgesteld :

voor tarwe uit stapelplaats of molen geleverd	*frank*	*49.09*	*per 100*	*kgr.*
„ *rogge uit stapelplaats of molen geleverd*	„	*28.34*	„ „	„
„ *masteluin uit stapelplaats of molen geleverd*	„	*29.67*	„ „	„
„ *ongepelde spelt uit stapelplaats of molen geleverd*	„	*26.18*	„ „	„
„ *zemelen uit den molen geleverd*	„	*21.50*	„ „	„
„ *tarwemeel aan bakker of verbruikers geleverd*	„	*57.77*	„ „	„
„ *roggemeel aan bakkers of verbruikers geleverd*	„	*34.72*	„ „	„
„ *masteluinmeel aan bakkers of verbruikers geleverd*	„	*36.20*	„ „	„
„ *tarwebrood aan vebruikers geleverd*	„	*—.51*	„ „	*kgr.*

Deze hoogste prijzen worden op 5 Maart 1917 van kracht.

De Provinciale Oogstkommissies (Provincial-Ernte-Kommissionen) zijn bevoegd, voor de omschrijving van afzonderlijke gemeenten op verzoek of na raadpleging van de *burgemeesters, telkens een lageren hoogsten prijs voor tarwebrood, evenals hoogste prijzen voor brood, tot het bereiden waarvan roggemeel wordt gebruikt, vast te stellen.*

Voor den verkoop van koren door de vvortbrengers aan het Nationaal Hulp- en Voedingskomiteit, blijven de hoogste prijzen, vastgesteld in de uitvoeringsbepalingen tot de Verordening van 8 Juli 1916, betreffende de Oogstkommissies, van kracht.

Brussel, den 27n Februari 1917.
Z. E. K. 773/17.

No. 318. — 5. MÄRZ 1917. Pag. 3381.

VERORDNUNG,

betreffend die Einrichtung eines Kuratoriums für die Deutsche Volksschule in Gent.

§ 1. Zur Führung der Geschäfte der Deutschen Schule

in Gent und zur Verwaltung der erforderlichen Mittel wird ein Kuratorium eingesetzt.

§ 2. Das Kuratorium besteht:

1. aus dem jeweiligen Präsidenten der Zivilverwaltung in Gent als Vorsitzenden sowie,
2. aus einem höheren Beamten der Zivilverwaltung in Gent, der zugleich Stellvertreter des Vorsitzenden ist,
3. aus dem Leiter der Deutschen Schule in Gent,
4. aus zwei der Deutschen Kolonie angehörenden in der Provinz Ostflandern ausästigen Personen als Mitglieder. Die Mitglieder des Kuratoriums werden von dem Vorsitzenden ernannt.

§ 3. Dem Kuratorium wird die Eigenschaft einer juristischen Persönlichkeit verliehen. In Rechtsgeschäften wird das Kuratorium durch den Vorsitzenden oder durch den Stellvertreter des Vorsitzenden vertreten.

§ 4. Das Kuratorium muss in jedem Schultertial mindestens einmal zu einer Sitzung berufen werden. In diesen werden die Entscheidungen mit Stimmenmehrheit getroffen. Bei Stimmengleichheit entscheidet die Stimme des Vorsitzenden. Das Kuratorium ist ohne Rücksicht auf die Zahl der erschienenen Mitglieder beschlussfähig.

§ 5. Die laufenden Geschäfte führt der Vorsitzende, der verpflichtet ist, das Kuratorium in allen wichtigeren Angelegenheiten, insbesondere aber bei Anstellung und Entlassung von Lehrpersonen, zu hören.

§ 6. Die Kassengeschäfte werden von einem Kassenführer geführt. Dieser wird von dem Vorsitzenden ernannt und soll möglichtst dem Kreis der bei der Deutschen Volksschule angestellten Lehrpersonen entnommen werden.

§ 7. Der Kassenführer hat alljährlich dem Kuratorium gegenüber Rechnung zu legen. Dieses erteilt die Entlastung.

§ 8. Der Kassenführer darf Zahlung nur auf Anweisung des Vorsitzenden oder seines Stellvertreters leisten.

§9. Das Geschäftsjahr beginnt mit dem 1. Oktober jeden Jahres und endigt am 30. September des derauf folgenden Jahres. Für jedes Geschäftsjahr ist ein Voranschlag der Einnahmen und Ausgaben aufzustellen. Der Voranschlag unterliegt der Genehmigung des Verwaltungschefs bei dem Generalgouverneur in Belgien. Die Befugnis des Vorsitzenden oder seines Stellvertreters auf Anweisung von Zahlungen ist auf die im Voranschlag aufgeführten Beträge beschränkt.

§ 10. Innerhalb zweier Monate nach Ablauf eines jeden Geschäftsjahres ist von dem Kuratorium an den Verwaltungschef bei dem Generalgouverneur in Belgien ein Geschäftsbericht zu erstatten, der über alle wichtigeren Ereignisse in Laufe des letzten Schuljahres, über die Ausführung des Schulbetriebes und über die Höhe des Schulbesuches Auskunft zu geben hat. Dem Berichte ist ein auf Grund der Rechnung aufgestellter Abschluss der Schulkasse für das abgelaufene Geschäftsjahr beizufügen.

Brüssel, den 14. Februar 1917.
C. C. III A 992.

Arrêté

concernant la constitution d'un Conseil d'administration à l'Ecole primaire allemande de Gand.

§ 1er. Il est constitué un Conseil d'administration chargé de diriger les affaires et d'administrer les fonds de l'Ecole allemande de Gand.

§ 2. Ce Conseil d'administration est formé par:

1. le président en fonctions, de l'administration civile (Präsident der Zivilverwaltung) de Gand, en qualité de président,

2. un fonctionnaire supérieur de l'administration civile de Gand, en même temps à titre de vice-président,

3. le directeur de l'Ecole allemande de Gand,

4. deux personnes appartenant à la colonie allemande de la province de Flandre orientale, en qualité de membres. Les membres du Conseil d'administration sont nommés par le président.

§ 3. Le Conseil d'administration a la personnalité civile. Dans les transactions juridiques, le Conseil d'administration est représenté par le président ou le vice-président.

§ 4. Le Conseil d'administration doit être convoqué en séance au moins une fois par trimestre scolaire. Dans ces séances, les décisions sont prises à la majorité des voix. En cas de parité de voix, la voix du président est prépondérante. Le Conseil d'administratign peut délibérer quel que soit le nombre des membres présents.

§ 5. Le président est chargé des affairs courantes; lorsqu'il s'agit d'affaires plus ou moins importantes, telles que la nomination ou le relèvement de fonctions d'un membre du personnel enseignant, il doit entendre le Conseil d'administration.

§ 6. Un trésorier est chargé de tenir la caisse. Ce trésorier est nommé-par le président, si possible parmi les membres du personnel enseignant de l'Ecole primaire allemande.

§ 7. Chaque année, le trésorier rend compte de sa gestion au Conseil d'administration, qui lui donne décharge, s'il y a lieu.

§ 8. Le trésorier n'est autorisé à effecteur des payements que sur l'ordre du président ou du vice-président.

§ 9. L'exercice annuel commence le 1er octobre et prend fin le 10 septembre suivant. Pour chaque exercice, on dresse un projet de budget des recettes et dépenses. Ce projet est soumis à l'approbation du Chef de l'administration civile (Verwaltungschef) près le Gouverneur général en Belgique. Le droit du président ou du vice-président d'ordonner des payements est limité aux montants inscrits au budget.

§ 10. Dans les deux mois suivant la fin de chaque exercice, le Conseil d'administration envoie au Chef de l'administration civile près le Gouverneur général un rapport exposant tous les événements importants de l'année scolaire écoulée, le fonctionnement de l'école et le nombre d'élèves. On joint à ce rapport un arrêté de compte de la caisse scolaire, dressé conformément au compte de l'exercice écoulé.

Bruxelles, le 14 février 1917.
C. C. III A 992.

Verordening

betreffende het oprichten van een schoolraad voor de Duitsche lagere school te Gent.

§ 1. Voor de leiding der zaken der Duitsche school te Gent en voor het beheer der noodige geldmiddelen, wordt een schoolraad opgericht.

§ 2. Deze schoolraad bestaat :

1. *uit den dienstdoenden Voorzitter van het burgelijk bestuur (Präsident der Zivilverwaltung) te Gent als als voorzitter en*
2. *uit een hoogeren ambtenaar van het burgerlijk bestuur te Gent, die tevens plaatsvervanger is van den voorzitter,*
3. *uit den bestuurder der Duitsche school te Gent,*
4. *uit twee personen, behoorende tot de Duitsche Kolonie in de provincie Oostvlaanderen als leden. De leden van den schoolraad worden door den voorzitter benoemd.*

§ 3. De schoolraad bezit de eigenschap der rechtspersoonlijkheid. In rechtszaken wordt de schoolraad vertegenwoordigd door den voorzitter of door dezes plaatsvervanger.

§ 4. De raad moet in elk schoolkwartaal ten minste tot een zitting opgeroepen worden. In de zittingen worden de besluiten bij meerderheid van stemmen genomen. Bij staking van stemmen beslist de stem van den voorzitter. De schoolraad mag steeds besluiten nemen, om 't even hoeveel leden er aanwezig zijn.

§ 5. De voorzitter leidt de loopende zaken ; hij is gehouden den schoolraad te raadplegen in alle aangelegenheden van eenig belang, inzonderheid echter bij benoeming van onderwijskrachten.

§ 6. De geldzaken worden door een kashouder geleid. Deze wordt door een voorzitter benoemd en zal, zoo mogelijk, genomen worden onder de onderwijskrachten der Duitsche lagere school.

§ 7. De kashouder moet jaarlijks rekenschap geven bij den schoolraad. Deze verleent ontlasting.

§ 8. De kashouder mag alleen op aanwijzing van den voorzitter of van dezes plaatsvervanger betalingen doen.

§9. Het bedrijfsjaar begint op 1 Oktober van elk jaar en eindigt den 30n September van het volgend jaar. Voor elk bedrijfsjaar zal een begrooting der inkomsten en uitgaven opgemaakt worden. De begrooting moet door het Hoofd van het burgerlijk bestuur (Verwaltungschef) bij den Generalgouverneur in België worden goedgekeurd. De bevoegdheid van den voorzitter of van dezes plaatsvervanger tot het opleggen van betalingen, blijft beperkt tot de bedragen die in de begrooting voorkomen.

§ 10. Binnen twee maand na afloop van elk bedrijfsjaar stuurt de schoolraad, aan het Hoofd van het burgerlijk bestuur bij den Generalgouverneur in België, een verslag over al de gebeurtenissen van eenig belang, die in het afgeloopen schooljaar zijn voorgekomen, als ook over den gang

van het schoolbeheer en over het aantal leerlingen. Bij dat verslag zal een op grond der kasboeken afgesloten rekening over het afgeloopen bedrijfsjaar gevoegd worden.

Brussel, den 14n Februari 1917.
C. C. III A 992.

ERGÄNZUNGSVERORDNUNG ***

der „Verordnung, betreffend die Anzeige von Gummireifen, Altgummi, Gummiabfällen, Rohgummi und fertigen Gummiwaren, vom 10. August 1915, abgeändert am 17. Oktober 1916".

Der im Artikel 1 festgesetzten Anzeigepflicht unterliegen auch die Bereifungen der Krafträder. Sie sind, soweit noch nicht geschehen, bis zum 25. März 1917 bei der für die Provinz zuständigen Kraftfahrstelle anzumelden.

Die Artikel 4—8 finden auch auf die durch die Verordnung vom heutigen Tage getroffenen Gegenstände Anwendung.

Brüssel, den 27. Februar 1917.
G. G. VI*b* 6356/M.

Arrêté ***

complétant l'arrêté du 10 août 1915, modifié par l'arrêté du 17 octobre 1916 et concernant l'obligation de déclarer les pneumatiques, le caoutchouc usagé, les déchets de caoutchouc, le caoutchouc brut et les articles en caoutchouc.

L'obligation de déclarer imposée par l'article 1er s'applique également aux pneumatiques des motocycles et motocyclettes. Ces pneumatiques, s'ils n'ont pas encore été déclarés, devront l'être avant le 25 mars 1917 à la „Kraftfahrstelle" compétente pour la province.

*** Sehe Seite 1. — Voyez page 1. — Zie blz. 1.

Les articles 4 à 8 inclusivement sont aussi applicables aux objets visés par le présent arrêté.

Bruxelles, le 27 février 1917.
G. G. VIê 6356/M.

Aanvullingsverordening ***

tot de „Verordening van 10 Augustus 1915, betreffende aangifte van rekgombanden, oude rekgom, rekgomafval, ruwe rekgom en rekgomwaren, gewijzigd bij Verordening van 17 Oktober 1916".

De banden van motorrijwielen zijn eveneens aan de in artikel 1 vastgestelde verplichting tot aangifte onderworpen. Ingeval zij nog niet aangegeven zijn, moet dit ten laatste 24 Maart 1917 geschieden bij de „Kraftfahrstelle", die voor de provincie bevoegd is.

Brussel, den 27n Februari 1917.
*G. G. VI*b *6356/M.*

No 319. — 8. MÄRZ 1917. Pag. 3393.

VERORDNUNG

über die Gewärung ausserordentlicher Teuerungszulagen an Staatsbeamte und staatliche Lohnangestellte.

I. Abschnitt. — *Männliche Angestellte.*

Artikel 1. Den staatlichen Subaltern- und Unterbeamten, welche zur Zeit

a) bei der Verwaltung des Rechnungshofes,

b) bei den Ministerien der Justiz, des Innern. der Wissenschaften und Künste, der Industrie und Arbeit, dem Finanzministerium, dem Ministerium der Landwirtschaft und der öffentlichen Arbeiten und bei den ihnen unterstellten Behörden,

c) bei den einstweilen diesen Ministerien angegliederten Dienststellen und

d) bei dem Ministerium der Marine, Post und Telegraphen sowie im Postdienst

beschäftigt sind, wird nach Massgabe der nachstehenden Bestimmungen für die letzten drei Monate des Jahres 1916 eine ausserordentliche Teuerungszulage gewährt.

Artikel 2. § 1. Als Beamte im Sinne dieser Verordnung gelten die Personen, die im Staatsdienst verwendet werden und auf Grund gesetzlicher oder im Verwaltungswege erfolgter Ernennung (Artikel 1 und 6 des Ruhegehaltgesetzes vom 21 Juli 1844) Gehalt aus der Staatskasse beziehen. Zu den Beamten im Sinne dieser Verordnung gehört auch das Verwaltungs- und Lehrpersonal der Staatsunterrichtsanstalten.

§ 2. Die auf Grund der bestehenden Bestimmungen zeitweilig oder auf Probe beschäftigten Beamten stehen den endgültig angestellten gleich.

Artikel 3. § 1. Es werden folgende drei Gruppen gebildet:

1. Gruppe:

a) die Unverheirateten,

b) die Verwitweten, gerichtlich Getrennten oder Geschiedenen ohne Kinder.

2. Gruppe:

a) die Verheirateten ohne Kinder,

b) die Verwitweten, gerichtlich Getrennten oder Geschiedenen mit einem Kinde.

3. Gruppe:

a) die Verheirateten mit einem Kinde,

b) die Verheirateten, Verwitweten. gerichtlich Getrennten und Geschiedenen mit mehreren Kindern.

§ 2. Die Teuerungszulagen werden den Beamten gewährt, deren Gehalt die nachfolgenden Sätze nicht übersteigt:

für die 1. Gruppe 1800 Franken jährlich,

für die 2. und 3. Gruppe 2500 Franken jährlich.

Artikel 4. § 1. Zu berücksichtigen sind Kinder bis zum vollendeten 18. Lebensjahre.

§ 2. Kinder der Frau aus einer früheren Ehe gelten als gemeinschaftliche; gesetzlich oder tatsächlich an Kindesstatt angenommene Kinder werden ebenfalls mitgerechtnet.

§ 3. Im Hausstande des Beamten lebende und von ihm unterhaltene Enkel zählen als Kinder.

§ 4. Kinder, welche sich gegenwärtig ausserhalb des Okkupationsgebiets befinden, zählen nicht mit.

Artikel 5. § 1. Als Gehalt gelten auch folgenden Dienstbezüge.

1. Dienstwohnung, Heizung und Beleuchtung. Mangels gesetzlicher Wertfestsetzung hierfür (Artikel 37, Nr. 3 des Gesetzes vom 21. Juli 1844) hat eine angemessene Festsetzung durch die zuständige Behörde zu erfolgen.

2. Die Mietsentschädigung, der Einnahmeanteil der Rentbeamten, das Schulgeld des Unterrichtspersonals und alle anderen fortlaufenden Entlohnunhen.

Der Einnahmeanteil der Rentbeamten und andere ihrer Höhe nach schwankende Entlohnungen sind nach dem Durchschnittsbetrage für die Jahre 1915 und 1916 in Ansatz zu bringen.

§ 2. Nicht als Einkommen gelten die Stationszulagen, die festen Entschädigungen für Büro- und Reisekosten oder die Rückvergütungen aussergewöhnlicher, den Beamten durch besondere Dienstleistungen entstandene Unkosten.

§ 3. Der Einnahmeanteil der Rentbeamten ist zu drei Vierteilen in Ansatz zu bringen. (Artikel 10, Absatz 2 des Gesetzes vom 21. Juli 1844).

Artikel 6. Die Teuerungszulage beträgt:

1. für die 1. Gruppe (Unverheiratete, Witwer, getrennt Lebende oder Geschiedene ohne Kinder) 10 Franken monatlich,

2. für die 2. Gruppe (kinderlos Verheiratete, Witwer, getrennt Lebende oder Geschiedene mit einem Kind) 15 Franken monatlich,

3. für die 3. Gruppe

a) Verheiratete mit einem Kind 18 Franken monatlich

b) Verheiratete, Witwer, getrennt Lebende oder Geschiedene mit Kindern 18 Franken monarlich, zusätzlich 3 Franken für jedes zweite und weitere Kind.

Artikel 7. § 1. Bei der Eheschliessung eines Beamten bei der Geburt eines Kindes oder Annahme eines solchen an Kindesstatt wird die Zulage oder Ergänzungszulage für den vollen Monat gewährt.

§ 2. Im Falle des Todes der Ehefrau oder eines Kindes wird die Zulage oder Ergänzungszulage für die verstorbene Person in dem auf den Sterbemonat folgenden Monat weiter gezahlt.

Desgleichen wird die Zulage für ein Kind für den Monat weiter gezahlt, der demjenigen folgt, in welchem das Kind das 18. Lebensjahr vollendet hat.

II. Abschnitt. — *Staatliche Lohnangestellte.*

Artikel 8. Die Bestimmungen dieser Verordnung finden in gleicher Weise wie auf die Staatsbeamten auf die Arbeiter, Tagelöhner und Bediensteten Anwendung, die ständig und in ihrer Haupttätigkeit bei den in Artikel 1 aufgeführten Behörden beschäftigt sind.

III. Abschnitt. — *Weibliche Angestellte.*

Artikel 9. Die Bestimmungen dieser Verordnung

finden auf weibliche Angestellte mit folgender Massgabe Anwendung:

§ 1. Die unverheirateten Frauen, Witwen, getrennt Lebenden oder Geschiedenen ohne Kinder stehen den männlichen, in der gleichen Lage befindlichen Angestellten gleich. (Artikel 3, 1. Gruppe).

§ 2. Die verwitweten Frauen, getrennt Lebenden oder Geschiedenen mit einem oder mehreren Kindern stehen den männlichen in der gleichen Lage befindlichen Angestellten gleich. (Artikel 3, Buchstabe *b* der 2, Gruppe und Buchstabe *c* der 3. Gruppe).

§ 3. Ausgeschlossen sind die verheirateten Frauen ohne Kinder unter 18 Jahren.

§ 4. Die verheirateten Frauen mit einem oder mehreren Kindern unter 18 Jahren erhalten die Hälfte der Teuerungszulage der verheirateten männlichen Angestellten mit der gleichen Kinderzahl.

Ausgeschlossen sind jedoch die Frauen, deren Ehemänner Beamte (Artikel 2) oder ständig beschäftigte staatliche Lohnangestellte (Artikel 8) sind.

IV. Abschnitt. — *Verschiedenes.*

Artikel 10. § 1. Die Ausgaben für die Beamten und Lohnangestellten, die bei einer der in Artikel 1 unter *a*, *b* und *c* genannten Behörden beschäftigt sind, werden auf einen unter Nr. 37 des Anhangs zum Budget des Finanzministeriums für das Rechnungsjahr 1916 zu eröffnenden Kredit mit folgendem Wortlaut übernommen:

„Ausserordentliche und zeitweilige Teuerungszulage für die Staatsbeamten und staatlichen Lohnangestellten anlässlich der bestehenden Teuerung (unbeschränkter Kredit) 250.000 Fr.''

§ 2. Die Ausgaben für die Beamten und Lohnangestellten, die bei dem Ministerium der Marine, Post und

Telegraphen oder im Postdienst beschäftigt sind (Artikel 1, Buchstabe *d*), werden bei den Ausgaben der deutschen Post- und Telegraphenverwaltung verrechnet.

Brüssel, den 1. Februar 1917.
C. C. II*a* 1257.

Arrrêté

sur l'allocation de secours exceptionnels pour cherté de la vie aux agents et préposés salariés de l'Etat.

Section I. — *Agents masculins.*

Article 1. Un secours exceptionnel pour cherté de la vie est accordé, pour les trois derniers mois de l'année 1916 dans la mesure des dispositions suivantes aux agents subalternes et inférieurs de l'Etat, exerçant actuellement leurs fonctions:

a) dans l'administration de la Cours des Comptes;

b) dans les Ministères de la Justice, de l'Intérieur, des Sciences et des Arts, de Industrie et du Travail, des Finances, de l'Agriculture et des Travaux publics et dans les administrations qui leur sont subordonnées;

c) dans les services rattachés provisoirement à ces Ministères;

d) dans le Ministère de la Marine, des Postes et des Télégraphes, ainsi que dans le service des Postes.

Article 2. § 1er. On entend par agents de l'Etat, dans le sens du présent arrêté, les personnes qui sont employées au service de l'Etat et qui touchent un traitement à charge du Trésor public, par suite de nominations faites en vertu des lois ou émanées de l'Administration (articles 1er et 6 de la loi du 21 juillet 1844sur lespensions). Sont considérées également comme agents (employés) dans le sens du présent arrêté, les personnes faisant partie du personnel administratif ou enseignant des établissements d'instruction.

§ 2. Les agents admis à titre temporaire ou à l'essai, conformément aux dispositions réglementaires existantes, sont assimilés aux agents nommés définitivement.

Article 3. § 1er Les trois catégories suivantes sont établies:

1er catégorie:

a) les agents célibataires;

ê) les agents veufs, séparés judiciairement ou divorcés sans enfant;

2e catégorie:

a) les agents mariés sans enfant;

ê) les agents veufs, séparés judiciairement ou divorcés ayant un seul enfant;

3e catégorie:

a) les agents mariés ayant un seul enfant;

ê) les agents mariés, veufs, séparés judiciairement ou divorcés, ayant plusieurs enfants.

§ 2. Les secours sont alloués aux agents dont le traitement ne dépasse pas les chiffres suivants:

pour la 1re catégorie, 1,800 francs par an;

pour les 2e et 3e catégories, 2,500 francs par an.

Article 4. § 1er. Doivent être pris en considération les enfants en dessous de 18 ans accomplis.

§ 2. Les enfants de la femme nés d'un précédent mariage sont comptés comme ceux du commun mariage; les enfants adoptés légalement ou de fait sont également comptés.

§ 3. Les petits-enfants vivant dans le ménage de l'agent et entretenus par lui sont comptés comme les enfants.

§ 4. Les enfants qui se trouvent actuellement hors du pays occupé ne sont pas comptés.

Article 5. § 1er. Sont considérés également comme trai tement les émoluments ci-après:

1° le logement de service, le chauffage et l'éclairage; à

défaut d'une évaluation légale (art. 37, no. 3, de la loi du 21 juillet 1844), il en sera fait une évaluation équitable par l'administration compétente.

2° l'Indemnité de logement, les remises des comptables, le minerval du personnel enseignant et toutes autres rétributions permanentes.

Les remises des comptables et autres rétributions variables dans leur montant doivent être portées en compte d'après la moyenne de leur montant pour les années 1915 et 1916.

§ 2. Ne sont pas considérés comme traitement l'indemnité de résidence, les indemnités fixes allouées pour frais de bureau et de déplacement, ou les indemnités accordées en remboursement de dépenses extraordinaires occasionnées aux agents à la suite de prestations spéciales.

§ 3. Les remises des comptables doivent être portées en compte pour les trois quarts (art. 10, 2e alinea, de la loi diu 21 juillet 1844).

Article 6. Le secours est fixé:

1. pour la 1re catégorie (célibataires; veufs, séparés judiciairement ou divorcés, sans enfant), à 10 francs par mois;

2. pour la 2e catégorie (mariés sans enfant; veufs, séparés judiciairement ou divorcés, ayant un seul enfant), à 15 francs par mois;

3. pour la 3e catégorie:

a) mariés ayant un seul enfant, 18 francs par mois;

ê) mariés, veufs, séparés judiciairement ou divorcés, ayant plusieurs enfants, 18 francs par mois plus 3 francs pour le deuxième enfant et pour chacun des suivants.

Article 7. § 1er. En cas de mariage de l'agent, de naissance ou d'adoption d'un enfant, le secours ou supplément de secours est accordé pour le mois entier.

§ 2. En cas de décès de la femme ou d'un enfant, le secours ou supplément de secours alloué du chef de la personne décédée est encore payé pour le mois qui suit celui du décès.

De même, le secours se rapportant à un enfant est encore payé pour le mois qui suit celui dans lequel cet enfant à accompli sa 18e année.

Section II. — *Préposés salariés de l'Etat.*

Article 8. Les dispositions du présent arrêté sont applcables de la même manière qu'aux agents de l'Etat aux ouvriers, journaliers et gens de service qui sont employés d'une manière permanente dans les administrations mentionnées à l'article 1er et y ont leur principale occupation.

Section III. — *Agents féminins.*

Article 9. Les dispositions du présent arrêté sont applicables de la manière suivante aux agents du sexe féminin:

§ 1er. Les femmes non mariées, veuves, séparées ou divorcées, sans enfant, sont traitées comme les agents masculins se trouvant dans la même situation (art. 3, 1re catégorie);

§ 2. Les femmes veuves, séparées ou divorcées, avec un ou plusieurs enfants, sont traitées comme les agents masculins se trouvant dans la même situation (art. 3, litt. *b*, de la 2me catégorie, et litt. *b* de la 3me catégorie);

§ 3. Les femmes mariées et n'ayant pas d'enfant en dessous de 18 ans sont exclues;

§ 4. Les femmes mariées et ayant un ou plusieurs enfants en dessous de 18 ans reçoivent la moitié du secours alloué aux agents masculins mariés ayant le même nombre d'enfants.

Sont toutefois exclues les femmes dont le mari est agent de l'Etat (art. 2) ou est employé à titre permanent comme préposé salarié de l'Etat (art. 8).

Section IV. — *Dispositions diverses.*

Article 10. § 1er. Les dépenses pour les agents et préposés salariés qui exercent leurs fonctions dans l'une des administrations désignées à l'article 1er sous les litt. *a*, *b* et *c* seront imputées sur un crédit à ouvrir sous le n° 37 de l'annexe au budget du Ministère des Finances pour l'exercice 1916, avec le texte suivant:

„Secours exceptionnels et temporaires aux agents et ouvriers de l'Etat, à cause de la cherté de la vie (crédit non limitatif) 250,000 francs."

§ 2. Les dépenses pour les agents et préposés salariés qui exercent leurs fonctions au Ministère de la Marine, des Postes et des Télégraphes, ou dans le service des Postes (art. 1er, litt. *d*), seront imputées sur les dépenses de l'Administration allemande des Postes et Télégraphes.

Bruxelles, le 1er février 1917.
C. C. II*a* 1257.

Verordening

betreffende verleening van uitzonderlijke duurtetoeslagen aan staatsbedienden en loontrekkende aangestelden van den Staat.

Afdeeling I. — Mannelijke bedienden.

Artikel 1. Aan de ondergeschikte en lagere bedienden van den Staat, welke thans hunne betrekking uitoefenen :

a) *aan het beheer van het Rekenhof ;*

b) *aan de Ministeriën van Justitie, van Binnenlandsche Zaken, van Wetenschappen en Kunsten, van Nijverheid en Arbeid, van Financiën, van Landbouw en Openbare Werken en in de daartoe beheerende diensten.*

c) *in de diensten welke voorloopig aan die Ministeriën verbonden zijn ; en*

d) *aan het Ministerie van Zeewezen, Posterijen en Telegrafen alsmede de in den Postdienst,*

wordt, naar den maatstaf der volgende bepalingen, over de drie laatste maanden van het jaar 1916, een buitengewone duurtetoeslag verleend.

Artikel 2. § 1. Door bedienden, in den zin dezer verordening worden verstaan de personen die in den staatsdienst werkzaam zijn en, op grond van benoemingen, krachtens wetten of door de beheeren gedaan (artikelen 1 en 6 der wet van 21 Juli 1844 op de pensioenen), eene wedde uit de Staatskas genieten. Als bedienden (beambten), in den zin dezer verordening, wordt insgelijks beschouwd het besturend en onderwijzend personeel der staatsinrichtingen van onderwijs.

§ 2. De bedienden, die, op grond der bestaande bepalingen, gelijk of op de proef werkzaam zijn gesteld, worden met de vast benoemde bedienden gelijkgesteld.

Artikel 3. § 1. De volgende drie klassen worden gevormd.

1e klasse :

a) *de ongehuwden,*

b) *de weduwnaars en de gerechtelijk of uit den echt gescheidenen, zonder kinderen.*

2e klasse :

a) *de gehuwden zonder kinderen,*

b) *de weduwnaars en de gerechtelijk of uit den echt gescheidenen, hebbende één kind ;*

3e klasse :

a) *de gehuwden hebbende één kind,*

b) *de gehuwden, weduwnaars, gerechtelijk of uit den echt gescheidenen, hebbende meer dan één kind.*

§ 2. De duurtetoeslagen worden verleend aan de bedienden wier wedde de volgende bedragen niet overtreft :

voor de 1e klasse 1800 frank per jaar,
voor de 2e en 3e klassen 2500 frank per jaar.

Artikel 4. § 1. Komen in aanmerking, de kinderen tot hun voleindigde 18e levensjaar.

§ 2. Kinderen uit een vroeger huwelijk der vrouw geboren, komen als gemeenschappelijke kinderen in aanmerking; de wettelijk of feitelijk aangenomen kinderen worden insgelijks medegerekend.

3. In het huisgezin des beambten levende en door hem onderhouden kleinkinderen worden als kinderen geteld.

§ 4. Kinderen, welke zich thans buiten het bezette gebied bevinden, worden niet medegeteld.

Artikel 5. § 1. Worden ook als wedde beschouwd, de volgende bijwinsten :

1. Vrije woning, verwarming en verlichting. Bijaldien hieromtrent geene officieele raming bestaat (art. 37. no. 3 der wet van 21 Juli 1844), wordt daarvan door 'de bevoegde overheid een billijke raming gemaakt.

2. Vergoeding voor woninghuur, percentsgewijze bezoldiging der rekenplichtigen, schoolgeld ten bate van het onderwijzend personeel en alle andere blijvende bezoldigingen.

De percentsgewijze bezoldiging der rekenplichtigen en de andere bezoldigingen waarvan het bedrag veranderlijk is. komen voor hun gemiddeld bedrag voor over de jaren 1915 en 1916 in aanmerking.

§ 2. Worden niet als wedde beschouwd : de standplaatstoelage, de vaste toelagen verleend voor kantoor- en verplaatsingskosten, of de terugbetalingen van de buitengewone uitgaven, welke de agenten voor zekere bijzondere dienstverrichtingen te dragen hebben.

§ 3. De percentsgewijze bezoldiging der rekenkundigen komt voor de drie vierden in aanmerking (artikel 10, 2e lid, der wet van 21 Juli 1844).

Artikel 6. De duurtetoeslag bedraagt :

1. Voor de 1e klasse (ongehuwden; weduwnaars, ge-

rechtelijk of uit den echt gescheidenen, zonder kinderen), 10 frank per maand ;

2. Voor de 2e klasse (gehuwden zonder kinderen ; weduwnaars, gerechtelijk of uit den echt gescheidenen, hebbende één kind) 15 frank per maand ;

Voor de 3e klasse :

a) *gehuwden hebbende één kind, 18 frank per maand ;*

b) *gehuwden, weduwnaars, gerechtelijk of uit den echt gescheidenen, hebbende meer dan één kind, 18 frank per maand en daarenboven 3 frank voor elk kind te beginnen met het tweede.*

Artikel 7. § 1. In geval een bediende een huwelijk aangaat, ofwel in geval van geboorte of aanneming van een kind wordt de toeslag of de aanvullende toeslag over de volle maand verleend.

§ 2. In geval van overlijden van de vrouw, of van een kind, blijft de toeslag of de aanvullende toeslag, welke uit hoofde van den overleden persoon toegekend is, behouden voor de maand volgende op die van het overlijden.

Eveneens blijft de toeslag voor een kind behouden voor de maand volgende op die waarin dat kind zijn 18e levensjaar voleindigd heeft.

Afdeeling II. — Loontrekkende aangestelden van den Staat.

Artikel 8. De bepalingen dezer verordening worden, op gelijke wijze als voor de Staatsbedienden, toegepast op de werklieden, daglooners en dienstlieden, die doorloopend gebezigd worden en hunne hoofdbediening hebben bij de onder artikel 1 vermelde beheeren en diensten.

Afdeeling III. — Vrouwelijke bedienden.

Art. 9. De bepalingen dezer verordening zijn volgenderwijze op de vrouwelijke bedienden van toepassing :

§ 1. De ongehuwde vrouwen, de weduwen, de gerechtelijk of uit den echt gescheiden vrouwen, zonder kinderen, worden beschouwd als de mannelijke bedienden, welke zich in dezelfde voorwaarden bevinden (artikel 3, 1e klasse).

§ 2. De vrouwen die weduwe, ofwel gerechtelijk of uit den echt gescheiden zijn, hebbende één of meer kinderen, worden beschouwd als de mannelijke bedienden, welke zich in dezelfde voorwaarden bevinden (artikel 3, litt. b *der 2e klasse en litt.* c *der 3e klasse).*

§ 3. Uitgesloten worden de gehuwde vrouwen die geen kind beneden den 18jarigen leeftijd hebben.

§ 4. De gehuwde vrouwen, hebbende één of meer kinderen onder de 18e jaar, ontvangen de helft van den duurtetoeslag toegekend aan de gehuwde mannelijke bedienden, welke hetzelfde getal kinderen hebben.

Uitgesloten worden nochtans de vrouwen wier echtgenoot staatsbediende is (artikel 2), of als vaste loontrekkende aangestelde van den Staat werkzaam is (artikel 8).

Afdeeling IV. — Verschillende bepalingen.

Artikel 10. § 1. De uitgaven voor de bedienden en loontrekkende aangestelden, welke bij een van de onder artikel 1, litt. a, b *en* c *vermelde beheeren of diensten werkzaam zijn, worden bestreden uit een onder nr. 37 van de bijlage bij de begrooting van het Ministerie van Financiën voor het dienstjaar 1916 in de volgende bewoordingen te openen krediet.*

„Uitzonderlijke en tijdelijke toeslagen aan de bedienden en loontrekkende aangestelden van den Staat, uit hoofde van de levensduurte (onbeperkt krediet) fr. 250.000".

§ 2. De uitgaven voor de bedienden en loontrekkende aangestelden die aan het Ministerie van Zeewezen, Posterijen en Telegrafen of in den Postdienst werkzaam zijn (arti-

kel 1, litt. d), *worden opgenomen onder de uitgaven van het Duitsche Beheer van Posterijen en Telegrafen.*

Brussel, den 1n Februari 1917.

C. C. IIa 1257.

VERORDNUNG.

§ 1. Unternehmungen, die ihren Sitz im Gebiete des Generalgouvernements, ihren Betrieb oder einen Teil ihres Betriebes aber ausserhalb Belgiens haben, dürfen ihren ausserhalb Belgiens befindlichen Betrieb oder zu diesem Betriebe gehörige Immobilien und Anlagen ohne Genehmigung des Generalkommissars für die Banken nicht veräussern, belasten, verpachten oder auf einen anderen übertragen.

Unternehmungen, die ihren Sitz im Gebiete des Generalgouvernements haben, dürfen ihre Beteiligungen (Aktien, Anteile, Genusscheine usw.) an ausländischen Unternehmungen oder an belgischen Unternehmungen, deren Betriebe ganz oder teilweise ausserhalb Belgiens liegen ohne Genehmigung des Generalkommissars für die Banken nicht veräussern, belasten oder auf einen anderen übertragen.

Verfügungen, die den Vorschriften,der Absätze 1 und 2 zuwiderlaufen, sind nichtig.

§ 2. Wer den Bestimmungen des § 1 zuwiderhandelt oder bei einer Zuwiderhandlung mitwirkt, wird mit Gefängnis bis zu fünf Jahren und mit Geldstrafe bis zu 100.000 Mark oder mit einer dieser Strafen bestraft. Der Versuch ist strafbar. Die Geldstrafe kann auch von denjenigen Firmen, Personen und Vermögenswerten eingezogen werden, deren Vertreter oder Verwalter die strafbare Handlung begangen haben. Zuständig sind die Militärbefehlshaber und Militärgerichte.

Brüssel, den 3. März 1917.

B. A. 27384.

Arrêté.

§ 1er. Les entreprises qui ont leur siège dans le territoire du Gouvernement général, mais dont l'exploitation se trouve en tout ou en partie hors de Belgique ne peuvent, sans l'autorisation du Commissaire général des banques (Generalkommissar für die Banken), ni aliéner, ni grever, ni louer, ni transmettre à autrui soit leur exploitation sise hors de Belgique soit les immeubles et installations dépendant de cette exploitation.

Les entreprises ayant leur siège dans le territoire du Gouvernement général ne peuvent, sans l'autorisation du Commissaire général das banques, ni aliéner, ni grever, ni transmettre à autrui leurs participations (actions, parts, actions de jouissance, etc). à des entreprises étrangères ou à des entreprises belges dont l'exploitation se trouve en tout ou en partie hors de Belgique.

Toute disposition allant à l'encontre des prescriptions des 1er et 2e alinéas est nulle.

§ 2. Quiconque aura enfreint les dispositions du § 1er ou aura prêté aide à une telle infraction sera puni soi d'un emprisonnement de 5 ans au plus et d'une amende pouvant atteindre 100.000 marcs, soit d'une de ces deux peines à l'exclusion de l'autre. La tentative est punissable. L'amende pourra aussi être récupérée sur les maisons, personnes, biens et valeurs dont le représentant ou le gérant aura commis l'infraction. Les commandants et tribunaux militaires sont compétents pour juger lesdites infractions.

Bruxelles, le 3 mars 1917.

B. A. 27384.

Verordening.

§ 1. Ondernemingen, wier zetel in het gebied van het Generalgouvernement gevestigd, doch wier bedrijf geheel of

gedeeltelijk buiten België gelegen is, mogen hun bedrijf, dat zich Buiten België bevindt, of de onroerende goederen en inrichtingen, die tot dat bedrijf behooren, niet vervreemden, noch bezwaren, noch verhuren of verpachten, noch aan anderen overmaken, zonder de toestemming van den Kommissaris-Generaal voor de banken (Generalkommissar für die Banken).

Ondernemingen, wier zetel in het gebied van het Generalgouvernement gevestigd is, mogen hun deelhebbing (akties, aandeelen, genotaandeelen, enz.) aan vreemde ondernemingen of aan Belgische ondernemingen, waarvan het bedrijf zich geheel of gedeeltelijk buiten België bevindt, niet vervreemden, noch bezwaren, noch aan anderen overmaken, zonder de toestemming van den Kommissaris-Generaal voor de banken.

Alle met de voorschriften van het 1e en 2e lid in strijd zijnde schikkingen zijn nul en van geener waarde.

§ 2. Wie de bepalingen van § 1 overtreedt, of bij de overtreding daarvan behulpzaam is, wordt met ten hoogste 5 jaar gevangenis en met ten hoogste 100.000 Mark boete, of met één van beide straffen gestraft. De poging tot overtreden is strafbaar. De boete kan ook ingevorderd worden ten laste van de firma's, personen en vermogenswaarden, wier vertegenwoordiger of beheerder der strafbare handeling heeft begaan. De krijgsbevelhebbers en krijgsrechtbanken zijn tot oordeelvellen bevoegd.

Brussel, den 3n Maart 1917.
B. A. 27384.

3.

Durch Beschluss vom 28. Februar 1917 ist die Gemeinde-Kredit-Gesellschaft ermächtigt worden, für Rechnung von verschiedenen Verwaltungen eine Anleihe von 50 Millionen Frank (fr. 50.000.000) zu 4% auszugeben; sie hat die Anleihe selbst gezeichnet unter Heranziehung ihres Kapitals und ihrer Reserve.

C. C. II*a* 2389.

Par arrêté du 28 février 1917, la Société de Crédit communal à été autorisée à émettre, pour le compte de plusieurs administrations, un emprunt de cinquante millions de francs (fr. 50.000.000) à 4 %; elle l'a souscrit elle-même en y affectant son capital et sa réserve.

C. C. II*a* 2389.

Bij besluit van 28 Februari 1917 werd de Maatschappij voor gemeentelijk krediet gemachtigd, voor rekening van verschillende besturen een leening van 50 millioen frank (50.000.000 frank) tegen 4% aan te gaan; zij heeft die zelf onderteekend met benuttiging van haar stam- en steunkapitaal.

*C. C. II*a *2389.*

4.

BERICHTIGUNG.

Der § 1, Absatz 1, Satz 1 der Verordnung über die Heraufsetzung des Ausmahlungsgrades vom 27. 2. 1917 (Gesetz- und Verordnungsblatt S 3358) muss wie folgt lauten:

„In Abänderung des § 4 meiner Verordnung über Vermahlung und Beförderung von Brotgetreide vom 8. 7. 1916 (G. u. V. Bl. S. 2401) setze ich auf Vorschlag der Z ntral-Ernte-Kommission bis auf weiteres den Ausmahlungsgrad für das inländische sowie für das eingeführte Getreide auf 90% fest".

Z. E. K. 839/17.

Rectification.

Les § 1er, 1er alinéa, 1re phrase de l'arrêté du 27 février 1917 concernant l'élévation du rendement de la mouture (Bulletin officiel des lois et arrêtés, p. 3358) est rédigé comme suit:

„Par dérogation au § 4 de mon arrêté du 8 juillet 1916 concernant la mouture et le transport des céréales destinées à la panification (Bull. off. des lois et arr., p. 2401), et sur la proposition de la commission centrale de la récolte (Zentral-Ernte-Kommission), j'ai fixé, jusqu' à nouvel ordre, à 90 % le rendement de la mouture du blé indigène ou importé".

Z. E. K. 839/17.

Terechtbrenging.

De 1e zin van § 1, 1e lid, der Verordening van 27 Februari 1917, betreffende de verhooging van den maalgraad (Wet- en Verordeningsblad, bl. 3358), moet luiden als volgt.

„Onder wijziging van § 4 mijner Verordening van 8 Juli 1916, over het malen en vervoeren van koren (Wet- en Verordeningsblad, bl. 2401), stel ik, op voorstel van de Centrale Oogstkommissie (Zentral-Ernte-Kommission), den maalgraad, zoowel voor inheemsch als voor ingevoerd koren, tot nader bericht vast op 90%".

Z. E. K. 839/17.

No. 320. — 10 MÄRZ 1917. Pag. 3405.

BEKANNTMACHUNG.

In Abänderung und Erzängung der Ziffer 4 der Bekanntmachung vom 5. Februar 1917, betreffend Regelung des Verkehrs mit Branntwein und Hefe, wird bekannt gemacht, dass der Referendar Dr. Beutner bei der Zivilverwaltung in Brüssel zum Vorsitzenden und die Herren Fabrikanten Jean Descampe in Gembloux und François Dansé in St. Gillis-Brüssel zu Mitgliedern und die Fabrikanten Clemes Peeten in Velm (Limburg) und Jacques Neefs in Antwerpen zu stellvertretenden Mitgliedern des Schiedsgerichts der Branntwein-Zentrale bestellt worden sind.

Brüssel, den 2. März 1917.
C. C. II*a* 2526.

Avis.

En vue de modifier et de compléter le chiffre 4 de l'avis du 5 février 1917, concernant la réglementation du trafic des eaux-de-vie et de la levure, il est donné connaissance des nominations suivantes: Sont nommés. M. le Dr. Beutner, Referendar, attaché à l'administration civile à Bruxel les, en qualité de président; MM. Jean Descampe, fabricant à Gembloux, et François Dansé, fabricant à Saint-Gilles-Bruxelles, en qualité de membres; MM. Clément Peeten, fabricant à Velm (Limbourg) et Jacques Neefs, fabricant à Anvers, en qualité de membres suppléants du tribunal d'arbitrage du Bureau central des eaux-de-vie.

Bruxelles, le 2 mars 1917.
C. C. II*a* 2526.

Bekendmaking.

Onder wijziging en ter aanvulling van cijfer 4 uit de bekendmaking van 5 Februari 1917, betreffende regeling van den handel in brandewijn en gist, wordt ter kennis gebracht, dat de Referendar Dr. Beutner bij het burgerlijk bestuur (Zivilverwaltung) te Brussel, tot voorzitter, de heeren Jean Descampe, fabrikant te Gembloers, en Frans Dansé, fabrikant te Sint-Gillis-Brussel, tot leden, de heeren Clemens Peeten, fabrikant te Velm (Limburg), en Jacobus Neefs, fabrikant te Antwerpen, tot plaatsvervangende leden van het scheidsgerecht der Brandewijncentrale (Branntwein Zentrale) zijn benoemd.

Brussel, den 2n Maart, 1917.
*C. C. II*a *2526.*

No. 321. — 13. MÄRZ 1917. Pag. 3417.

BEKANNTMACHUNG,

betreffend Liquidation britischer Unternegmungen.

Mit Zustimmung des Herrn Generalgouverneurs in Belgien habe ich gemäss der Verordenung über die Liquidation britischer Unternehmungen vom 29. August 1916 (Gesetz- u. Verordnungsblatt für die okkupierten Gebiete Belgiens vom 13. September 1916, Nr. 253) die Liquidation des in Belgien befindlichen Vermögens.

1. des Engländers David Petrie,
2. der Firma Harry Wilson Burnyeat, früher Antwerpen,
3. der Firma Kennedy, Hunter & Co, in Antwerpen,
4. der beiden Inhaber letztgenannter Firma, Charles und Michel Hunter sowie
5. des in Belgien befindlichen Grundeigentums der Versicherungsgesellschaft General Accident Fire & Life Assurance Corporation Ltd. in Antwerpen.

angeordnet.

Zum Liquidator ist Herr Rechtsanwalt Dr. I. M. Lappenberg, Aufsichtstelle für Handelsunternehmungen in

Antwerpen, ernannt worden. Nähere Auskunft erteilt der Liquidator.

Brüssel, den 28. Februar 1917.
C. C. IV A 5105.

Avis

concernant la liquidation d'entreprises britanniques.

Avec l'approbation de Son Excellence M. le Gouverneur général en Belgique et conformément à l'arrêté du 29 aout 1916, concernant la liquidation d'entreprises britanniques (Bulletin officiel des lois et arrêtés pour le territoire belge occupé, no 253 du 13 septembre 1916). j'ai ordonné la liquidation des biens, situés en Belgique, de

1. l'Anglais David Petrie.
2. la maison Harry Wilson Burnyeat, autrefois à Anvers,
3. la maison Kennedy, Hunter & Co, à Anvers,
4. Charles & Michel Hunter, les deux propriétaires de la maison citée au chiffre, 3, ainsi que la liquidation
5. des biens-fonds, sis en Belgique, de la General Accident Fire & Life Assurance Corporation Ltd., à Anvers.

Est nommé liquidateur: M. le Dr. I.-M. Lappenberg, Rechtsanwalt, à Anvers, Bureau de surveillance d'entreprises commerciales. Pour de plus amples renseignements, s'adresser au liquidateur.

Bruxelles, le 28 février 1917.
C. C. IV A 5105.

Bekendmaking

betreffende de likwidatie van Britsche ondernemingen.

Met toestemming van den heer Generalgouverneur in

Belgir heb ik, overeenkomstig de Verordening van 29 Augustus 1916, over de likwidatie van Britsche ondernemingen (Wet- en Verordeningsblad voor de bezette streken van Belgir, Nr 253 van 13 September 1916), de likwidatie bevolen van de in België gevestigde vermogens

1. van den Engelschman David Petrie,

2. van het huis Harry Wilson Burnyeat, voormalig te Antwerpen,

3. van het huis Kennedy, Hunter & Co, te Antwerpen,

4. van de twee eigenaars van laatstgenoemd huis. Charles & Michel Hunter, evenals

5. van de in België gelegen onroerende goederen der verzekeringsmaatschappij „General Accident Fire & Life Assurance Corporation Ltd.", te Antwerpen.

De heer Dr. I.-M. Lappenberg, Rechtsanwalt, Kantoor van toezich voor handelsondernemingen te Antwerpen, is tot likwidator benoemd. De likwidator zal nadere inlichtingen verstrekken.

Brussel, den 28n Februari 1917.
C. C. IV A 5105.

BEKANNTMACHUNG. ***

Dem Anbau der Kartoffeln kommt in diesem Jahre eine erhöhte Bedeutung zu. Pflicht der belgischen Landwirtschaft ist es, die im Jahre 1916 mit Kartoffeln angebaute Fläche nicht nur zu erhalten, sondern nach Möglichkeit zu vergrössern.

Der Anbau der Kartoffeln liegt auch im eigenen Interesse der Landwirte. Ich habe in Aussicht genommen, für Kartoffeln aus der Ernte des Jahres 1917 Höchstpreise festzusetzen, die den Anbau Kartoffel besonders lohnend machen. Diesen Gesichtspunkt werde ich auch bei Festsetzung anderer Höchstpreise für landwirt-

*** Sehe Seite 1. — Voyez page 1. — Zie blz. 1.

schaftliche Erzeugnisse zur Geltung bringen, so dass kein wirtschaftlicher Grund vorliegt, den Kartoffelanbau durch den Anbau anderer Früchte zu ersetzen. Die Höchstpreise für Herbstkartoffeln aus der Ernte 1917 werden demgemass mindestens 16 Franken für 100 kg. betragen.

Ich vertraue der Einsicht der Gemeindebehörden, dass sie mich bei der Durchführung meiner Bestrebungen wirksam unterstützen werden.

Brüssel, den 7. März 1917.
K. V. S. 1934.

Avis. ***

La culture des pommes de terre prend cette année une importance toute particulière' Il est du devoir des agriculteurs belges, non seulenement, de réserver encore à cette culture la même superficie qu'en 1916, mais aussi de l'étendre dans les limites du possible.

Il y va, d'ailleurs, de l'intérêt, même des cultivateurs. Pour les pommes de terre de la récolte de 1917, je me propose de fixer des prix maxima qui rendront leur culture particulièrement avantageuse. C'est en me plaçant au même point de vue que je déterminierai les prix maxima d'autres produits agricoles, de telle sorte qu'il n'existe aucune raison d'ordre économique pour substituer à la culture des pommes de terre celle d'autres produits. Pour la récolte de 1917, les prix maxima des pommes de terre d'automne seront d'au moins 16 francs les 100 kg.

Je compte sur le discernement des autorités communales pour qu'elles contribuent à faire aboutir mes efforts.

Bruxelles, le 7 mars 1917.
K. V. S. 1934.

Bekendmaking. ***

Dit jaar moet aan het verbouwen van aardappelen meer belang worden gehecht dan ooit. Op de Belgische landbouwers rust de plicht, niet alleen dezelfde akkervlakte als in 't jaar 1916 met aardappelen te beplanten, maar zoo mogelijk die nog te vergrooten.

Het ligt trouwens in het eigen belang van den landbouwer aardappelen te planten. Ik heb voorgenomen, voor de aardappelen uit den oogst van 1917 hoogste prijzen vast te stellen, die het verbouwen van aardappelen bizonder loonend zullen maken. Bij het vaststellen van hoogste prijzen voor andere landbouwvoortbrengselen, zal ik eveneens van dat gezichtspunt uitgaan, zoodat voor den landbouwer geen rede bestaat, in plaats van aardappelen, andere gewassen te verbouwen. De hoogste prijs voor de late aardappelen uit den oogst van 1917 zal derhalve op ten minste 16 frank de 100 kilogr. worden vastgesteld.

Ik verwacht dat de gemeentebesturen het noodig inzicht aan den dag zullen leggen en met mij krachtdadig zullen samenwerken om mijn streven te helpen verwezenlijken.

Brussel, den 7n Maart 1917.
K. V. S. 1934.

No. 322. — 16. MÄRZ 1917. Pag. 3433.

ENTSCHLIESSUNG.

In Verfolg des Gesetzes vom 18. April 1898 beauftrage ich die juristische Fakultät der Universität Gent, die vor dem 18. April 1898 erlassenen, noch in Geltung befindlichen Gesetze in die vlämische Sprache zu übertragen, damit ein amtlicher vlämischer Wortlaut auch dieser Gesetze veröffentlicht und in gesetzt werden kann.

Der Verwaltungschef bei dem Generalgouverneur in Belgien wird mit der Ausführung dieser Entschliessung beauftragt.

Brüssel, den 9. März 1917.
C. C. III A 657, III B 1805, VI A 10912.

Décision.

Ensuite de la loi du 18 avril 1898, je charge la faculté de droit de l'Université de Gand de traduire en langue flamande les lois publiées avant le 18 avril 1898 et qui sont encore applicables; le but de ce travail est de permettre la publication et la mise en vigueur d'un texte flamand officiel de ces lois.

Le Chef de l'Administration civile (Verwaltungschef) près le Gouverneur général en Belgique est chargé de l'exécution de la présente décision.

Bruxelles, le 9 mars 1917.
C. C. III A 657, III B 1805, VI A 10912.

Besluit.

Als vervolg op de wet van 18 April 1898, belast ik de rechtsgeleerde fakulteit van de hoogeschool te Gent met het opmaken van een Vlaamsche vertaling van de wetten, die vóór 18 April 1898 uitgevaardigd werden en thans nog van kracht zijn, opdat een ambtelijke Vlaamsche tekst dier wetten afgekondigd en geldig gemaakt kunne worden.

Het hoofd van het burgerlijk bestuur (Verwaltungschef) bij den Generalgouverneur in België wordt met de uitvoering van dit besluit belast.

Brussel, den 9n Maart 1917.
C. C. III A 657, III B 1805, VI A 10912.

VERORDNUNG,

betreffend Ergänzung der Verordnung über den Transport von Gütern innerhalb des Generalgouvernements.

Einziger Paragraph.

Die Vorschriften der Transportverordnung vom 5. September 1916 (G. u. V. Bl. Seite 2683) gelten von heute an für alle Transporte von sämtlichen in- und ausländischen Rund- Kant- und Schnitthölzern. Für die Erteilung der Genehmigung ist zuständig:

Für Grubenholz.: Die Bergverwaltung, aus deren Bezirk der Transport vorgenommen werden soll.

Für alle anderen Arten Holz: Die Holzabgabestelle de Generals des Ingenieur- und Pionierkorps in Antwerpen.

Brüssel, den 10. März 1917.
C. C. IV A 6088.

Arrêté

complétant l'arrêté au transport des marchandises dans le terriroire du Gouvernement général.

Paragraphe unique.

Les prescriptions de l'arrêté du 5 septembre 1916 relatif au transport des marchandises (Bulletin officiel des lois et arrêtés, p. 2683) sont applicables, à partir de ce jour, à tous les transports de bois rond, équarri ou débité, tant indigène qu'étranger. Les autorités compétentes pour délivrer les autorisations sont:

Pour le bois de mines La „Bergverwaltung" (Administration allemande des mines) du district d'ou les produits doivent être transportés.

Podr tous les autres bois: La „Holzabgabestelle des Generals des Ingenieur- und Pionierskorps" (Bureau de livraison du bois, relevant du Général du corps du génie), à Anvers.

Bruxelles, le 10 mars 1917.
C. C. IV A 6088.

Verordening

houdende aanvulling van de Verordening over het vervoer van goederen binnen het gebied van het Generalgouvernement.

Eenige Paragraaf.

De voorschriften van de Verordening van 5 September 1916 (Wet- en Verordeningsblad, bl. 2683), op het vervoer, zijn met ingang van heden ook toepasselijk op het vervoer van rond, gevierkant of gezaagd hout van om het even welke soort, zoowel van in- als van buitenlandschen oorsprong. Voor het afleveren der toelating zijn bevoegd:

voor mijnhout: „Bergverwaltung" (Duitsch mijnbestuur) van de omschrijving waaruit het vervoer moet geschieden:

voor al de andere houtsoorten: „Holzabgabestelle des Generals des Ingenieur- und Pionierkorps" (houtleveringskantoor van den generaal van het geniekorps), te Antwerpen.

Brussel, den 10n Maart 1917.
C. C. IV A 6088.

DRUCKFEHLERBERICHTIGUNG.

Die Unterschrift unter der Verordnung, betr. die Festsetzung eines Ausdruschtermines für Oelsaaten, vom 1. 2. 1917 (G. u. V. Bl. Nr. 308 S. 3251) lautet:

Erratum.

La signature de l'arrêté du 1er février 1917 (Bulletin officiel des lois et atrêrés, no 308, p. 3251) établissement un délai pour le battage des graines oléagineuses, doit se lire:

Terechtbrenging.

De onderteekening onder de Verordening van 1 Februari 1917 (Wet en Verordeningsblad, Nr. 308, bl. 3251), houdende vaststelling van een termijn voor het dorschen van oliezaden, moet luiden:

No. 323. — 18. MÄRZ 1917. Pag. 3445.

VERORDNUNG,

betreffend die Förderung der deutschen Sprachkenntnisse der an gemeindlichen, übernommenen und übernehmbaren Schulen und Kinderbewahrschulen des deutschen Sprachgebiets wirkenden Lehrkräfte.

In teilweiser Abänderung der Königlichen Verordnung vom 21. September 1884 über die Lehrerprüfung wird folgendes verfügt:

I. Für sämtliche an den gemeindlichen, übernommenen und übernehmbaren Schulen und Kinderbewahrschulen des deutschen Sprachgebiets wirkenden Lehrkräfte und diejenigen, die eine solche Verwendung anstreben, finden in der Zeit vom 2.—19. April 1917 deutsche Sprachkurse statt, und zwar für das Lehrpersonal aus der Provinz Luxemburg in Arel, für das Lehrpersonal aus der Provinz Lüttich in Welkenraad.

Anmeldungen zur Teilnahme sind bis 25. März 1917 bei der vlämischen Abteilung für den niederen Unterricht im Ministerium für Wissenschaft und Kunst, Brüssel, Waterwerktuigstraat 14, einzureichen.

Die näheren Bestimmungen über die Einrichtung der Kurse sind vom Verwaltungschef zu treffen.

Die Kursteilnehmer erhalten für die Dauer des Kursbesuches ein Tagegeld von

10 Franken, wenn sie 5 oder mehr km. vom Unterrichtsort entfernt wohnen.

5 Franken, wenn sie weniger als 5 km. vom Unterrichtsort entfernt wohnen.

II. Nach Beendigung der Kurse findet an den beiden Unterrichtsorten eine Prüfung sämtlicher Kursteilnehmer statt, durch die festzustellen ist, ob die Prüfunge die Fähigkeit besitzen.

1) als Lehrer an Volksschulklassen bezw. an Kinderbewahrschulen mit deutscher Unterrichtssprache zu wirken, oder

2) als Lehrer an wallonischen oder vlämischen Klassen zu wirken, an denen Deutsch Unterrichtsgegenstand ist.

Die Prüfung zerfällt in einen schriftlichen, einen mündlichen und einen praktischen Teil.

Die nähere Bestimmung über die Abhaltung der Prüfung und die Zusammensetzung der Prüfungskommissionen sind durch den Verwaltungschef zu treffen.

Lehrkräften, die ausser ihrem gewöhnlichen Lehrzeugnis eines der in Ziffer 1) oder 2) bezeichneten Zeugnisse erwerben, wird gemäss Artikel 34 des Volksschulgesetzes eine besondere Vergütung zu Lasten des Staates gewährt. Sie beträgt für Inhaber des in Ziffer 1) genannten Zeugnisses 100 Franken jährlich, für Inhaber des in Ziffer 2) genannten Zeugnisses 50 Franken jährlich.

III. Für Lehrkräfte, die bei der Prüfung keines der vorgenannten Zeugnisse zu erwerben vermögen, werden späterhin nach Massgabe der vom Verwaltungschef zu treffenden näheren Anordnungen besondere deutsche Sprachkurse abgehalten werden und zwar getrennt für solche, die ein Zeugnis nach II. Ziffer 1) und solche, die ein Zeugnis nach II. Ziffer 2) anstreben.

IV. Lehrkräfte, die es unterlassen, an den in Ziffer I. genannten Kursen regelmässig teilzunehmen und sich der in Ziffer II. genannten Prüfung zu unterziehen, oder wenn sie diese Prüfung ohne Erfolg abgelegt haben, durch regelmässige Teilnahme an einem der in Ziffer III. genannten Kurse ausreichende deutsche Sprachkenntnisse zu erwerben, haben zu gewärtigen, dass sie gemäss Artikel 20 des Volksschulgesetzes Artikel 10 der Verfügung vom 22. IV. 1916 (Gesetz- und Verordnungsblatt S. 2050) und Artikel 8 der Verfügung vom 15. VI. 1916 (Gesetz- und Verordnungsblatt S. 2284) von der Unterrichtserteilung in Klassen, in denen Deutsch Unterrichtssprache oder Unterrichtsgegenstand ist, ausgeschlossen werden.

Brüssel, den 14. März 1917.
C. C. III*a* 1824.

Arrêté

concernant le développement et le perfectionnement des connaissances linguistiques allemandes du personnel enseignant dans les écoles communales, adoptées ou adoptables et les gardiennes de même genre de la région allemande du pays.

Par dérogation partielle à l'arrêté royal du 21 septembre 1884 concernant l'examen d'instituteur, il est arrêté ce qui suit:

I. Pour tous les membres du personnel enseignant des écoles communales, adoptées ou adoptables et des écoles gardiennes de même genre de la région allemande du pays ainsi que pour les personnes visant à enseigner dans lesdites écoles, il sera organisé, du 2 au 19 avril 1917, des cours de langue allemande qui se donneront à Arlon, pour la province de Luxembourg, et à Welkenreadt, pour la province de Liége.

Les demandes d'inscription au cours devront être remises le 25 mars 1917 au plus tard à la Section flamande de l'enseignemen primaire au Ministère des sciences et des arts, à Bruxelles, 14, rue Hydraulique.

Le Chef de l'Administration civile (Verwaltungschef) est chargé de prendre les dispositions spéciales concernant l'organisation des cours en question.

Les intéressés toucheront, pour toute la durée de leur participation au cours, une indemnité journalière de

fr. 10.—, s'ils habitent à 5 km. ou plus du lieu où se donne le cours.

fr. 5.—, s'ils habitent à moins de 5 km. du lieu où se donne le cours.

II. A la fin des cours, il sera procédé, dans les deux localités ou ils auront eu lieu, à l'examen de tous les participants en vue d'établir si ceux-ci sont aptes à enseigner en qualité d'

1) instituteurs dans les classes des écoles primaires ou gardiennes dont la langue véhiculaire est l'allemand,

2) instituteurs dans lés classes wallonnes ou flamandes au programme desquelles l'allemand est inscrit comme branche d'enseignement.

L'examen comprendra une épreuve écrite, une épreuve orale et une épreuve pratique.

Le Chef de l'Administration civile est chargé de prendre les dispositions spéciales concernant l'examen et la composition de la commission d'examen.

Les membres du personnel enseignant qui, outre leur diplôme ordinaire d'instituteur, obtiendront un des certificats prévus aux chiffes 1) ou 2), auront droit, conformément à l'article 34 de la loi organique de l'enseignement primaire, à une indemnité spéciale, à charge de l'Etat. Cette indemnité sera de 100 francs par an, pour les porteurs du certificat prévu au chiffre 1), et de 50 francs par an, pour les porteurs du certificat prévu au chiffre 2).

III. Pour les membres du personnel enseignant qui n'auront pu obtenir aucun des deux certificats précités, il sera organisé, dans la suite, conformément aux dispositions spéciales que le Chef de l'Administration civile prendra à cet effet, des cours spéciaux de langue allemande qui seront distincts selon que les candidats désirent obtenir soit le certificat prévu au II, chiffre 1), soit celui visé par le II, chiffre 2).

IV. Les membres du personnel enseignant qui se seront abstenus de participer régulièrement aux cours désignés au chiffre I, et de subir l'examen prévu au chiffre II, ou qui, ayant échoué à cet examen, auront négligé d'acquérir une connaissance suffisante de la langue allemande en suivant régulièrement un des cours désignés au chiffre III, devront s'attendre, conformément à l'article 20 de la loi sur l'enseignement primaire, l'article 10 de l'arrêté du 22 avril 1916 (Bulletin officiel des lois et arrêtés, p. 2050) et l'article 8 de l'arrêté du 15 juin 1916 (Bulletin officiel des lois et arrêtés, p. 2284), à se voir interdire d'enseigner dans les classes où l'allemand est la langue véhiculaire ou bien figure au programme d'étude comme branche d'enseignement.

Bruxelles. le 14 mars 1917.

C. C. III*a* 1824.

Verordening
betreffende bevordering van de kennis der Duitsche taal bij de onderwijskrachten der gemeentescholen, aangenomen en aanneembare scholen en bewaarscholen van het Duitsch taalgebied.

Onder gedeeltelijke verwijzing van het koninklijk besluit

van 21 September 1884 over het onderwijzersexamen, wordt het navolgende beschikt :

I. Voor al de onderwijskrachten, die in de gemeentescholen, aangenomen en aanneembare scholen en bewaarscholen van het Duitsch taalgebied werkzaam zijn, alsook voor hen die zich op dergelijk ambt toeleggen, worden van 2 tot 19 April 1917 Duitsche taalleergangen ingericht, en wel te Arel (Aarlen) voor het onderwijzend personeel der provincie Luxemburg, en te Welkenraad voor het onderwijzend personeel der provincie Luik.

De aanvragen om aan die taalleergangen deel tenemen, moeten ten laatste op 25 Maart 1917 bij de Vlaamsche afdeeling van het Lager Onderwijs, op het Ministerie van Wetenschappen en Kunsten, Brussel, Waterwerktuigstraat 14, binnengekomen zijn.

Het hoofd van het burgerlijk bestuur (Verwaltungschef) zal nadere bepalingen omtrent de inrichting der leergangen uitvaardigen.

De deelnemers ontvangen voor den duur van de leergangen voor iederen dag een vergoeding van

10 frank, indien zij 5 of meer kilometer wonen van de plaats waar de leergang gegeven wordt,

5 frank, indien zij minder dan 5 kilometer van deze plaats wonen.

II. Wanneer de leergang geeindigd is, zullen al de deelnemers in beide voornoemde steden een examen af te leggen hebben, waardoor moet blijken of de kandidaten de noodige bekwaamheid hebben opgedaan.

1) om les te geven in de lagere scholen met Duitsch als voertaal, of

2) om les te geven in Waalsche of Vlaamsche klassen, waarin het Duitsch als leervak voorkomt.

Het examen omvat een schriftelijke, een mondelinge en een praktische proef.

Het hoofd van het burgerlijk bestuur zal nadere bepalin-

gen omtrent het afnemen van het examen en de samenstelling van den jury uitvaardigen.

Onderwijskrachten, die behalve hun gewoon diploma, een der onder 1) of 2) vermelde getuigschriften verwerven, zullen, overeenkomstig artikel 34 der wet op het lager onderwijs, een bijzondere vergoeding ten laste van den Staat ontvangen. Deze vergoeding bedraagt 100 frank's jaars voor de houders van het onder 1) genoemd getuigschrift, 50 frank's jaars voor de houders van het onder 2) genoemd getuigschrift.

III. Voor onderwijskrachten, die bij het examen geen van voormelde getuigschriften kunnen verwerven, zullen later, overeenkomstig nadere door het Hoofd van het burgerlijk bestuur uit te vaardigen schikkingen, bijzondere Duitsche taalleergangen worden gegeven, en wel afzonderlijke leergangen voor de deelnemers, die een getuigschrift volgens II, cijfer 1) en deze die een getuigschrift volgens II, cijfer 2) wenschen te verwerven.

IV. Onderwijskrachten, die verzuimen de onder I vermelde leergangen regelmatig bij te wonen en het onder II vermelde examen af te leggen, of, indien zij dit examen zonder goeden uitslag hebben doorstaan, verzuimen een der onder III vermelde leergangen regelmatig bij te wonen, om een voldoende kennis der Duitsche taal te verwerven, stellen er zich aan bloot, krachtens artikel 20 van de wet op het lager onderwijs, artikel 10 van de beschikking van 22 April 1916 (Wet- en Verordeningsblad, bl. 2050) en artikel 8 van de beschikking van 15 Juni 1916 (Wet- en Verordeningsblad, bl. 2284), uitgesloten te worden van het geven van onderwijs in klassen, waarin het Duitsch voertaal is of als leervak voorkomt.

Brussel, den 14n Maart 1917.
*G. C. III*a *1825.*

No. 324. — 21. MÄRZ 1917. Pag. 3457.

VERORDNUNG.

In Belgien werden zwei Verwaltungsgebiete gebildet, von denen das eine die Provinzen Antwerpen, Limburg, Ostflandern und Westflandern sowie die Kreise Brüssel und Löwen, das andere die Provinzen Hennegau, Lüttich Luxemburg und Namur sowie den Kreis Nivelles umfasst.

Die Verwaltung de erstgenannten Gebietes wird von Brüssel aus, diejenige des letztgenannten von Namur aus geführt.

Alle weiteren Anordnungen zur Ausführung dieser Verordnung, insbesondere hinsichtlich der Organisation der Verwaltung beider Gebiete und hinsichtlich des Uebergangs der Geschäfte werden vorbehalten. Für den Bereich des Unterrichtsministeriums verbleibt es bis zum Erlass dieser Anordnungen bei den Vorschriften der Verordnungen vom 25. Oktober 1916, 13. Dezember 1916 und 14. Februar 1917 (Gesetz- und Verordnungsblatt Seite 2930, 3054 und 3319).

Brüssel, den 21. März 1917.
C. C. III A 1921.

Arrêté.

Il est formé en Belgique deux régions administratives dont l'une comprend les provinces d'Anvers, de Limbourg, de Flandre orientale et de Flandre occidentale ainsi que les arrondissements de Bruxelles et de Louvain, l'autre les provinces de Hainaut, de Liége, de Luxembourg et de Namut ainsi que l'arrondissement de Nivelles.

L'administration de la première de ces deux régions sera

dirigée de Bruxelles; celle de la deuxième région, de Namur.

Sont réservées toutes les dispositions qui seront destinées à assurer l'exécution du présent arrêté, notamment au point de vue de l'organisation administrative des deux régions et de la renise des affaires. Pour tout ce qui concerne le ministère des sciences et des arts, les arrêtés des 25 octobre 1916, 13 décembre 1916 et 14 février 1917 (Bulletin officiel des lois et arrêtés, pages 2930, 3054 et 3319) resteront en vigueur jusqu'à la publication des dispositions susmentionnées.

Bruxelles, le 21 mars 1917.
C. C. III A 1921.

Verordening.

België wordt in twee bestuurlijke gebieden ingedeeld, waar van het eerste de provincies Antwerpen, Limburg, Oost- en Westvlaanderen, alsook de arrondissementen Brussel en Leuven omvat, het tweede de provincies Henegouw, Luik, Luxemburg en Namen, alsook het arrondissement Nijvel.

Het eerstgenoemd gebied zal vanuit Brussel, het laatstgenoemd van uit Namen bestuurd worden.

Alle nadere beschikkingen ter uitvoering der Verordening inzonderheid wat de inrichting van het bestuur der beide gebieden en de overgave der dienstzaken betreft, blijven voorbehouden. Voor de bevoegdheden van het ministerie van Wetenschappen en Kunsten gelden, tot bedoelde schikkingen getroffen zijn, de voorschriften der Verordeningen van 25 Oktober 1916, 12 December 1916 en 14 Febrauri 1917 (Wet- en Verordeningsblad, bl. 2030, 3054 en 3319).

Brussel, den 21n Maart 1917.
C. C. III A 1921.

2.

VERORDNUNG.

betreffend Aufhebung der Verordnung vom 8. August 1916 über die Erhöhung der Postgebühren für Briefe und Postkarten im Verkehr mit dem Etappen- und Operationsgebiet in Westbelgien.

Meine Verordnung vom 8. August 1916 über die Erhöhung der Postgebühren Briefe und Postkarten im Verkehr mit dem Etappen- und Operationsgebiet in Westbelgien (Gesetz- und Verordnungsblatt Nr. 242) wird mit Wirkung vom 20. März 1917 ab aufgehoben. Von diesem Tag an regeln sich die Gebühren für Briefe und Postkarten im Verkehr mit dem Etappen-und Operationsgebiet allgemein nach den Sätzen des Weltpostvereins. Es werden erhoben für.

Briefe,	bis 20 g	25 c.
	für jede weiteren 20 g	15 c.
Postkarten,	einfache	10 c.
	mit Antwortkarte	20 c.

Alle Briefe und Postkarten müssen vom Absender freigemacht werden.

Brüssel, den 13. März 1917.
C. C. II*b* 1147/17.

Arrêté

abrogeant l'arrêté du 8 août 1916 concernant l'élévation des taxes d'affranchissement des lettres et cartes postales expédiées au rayon des étapes et des opérations de l'ouest de la Belgique.

Mon arrêté du 8 août 1916, concernant l'élévation des taxes d'affranchissement des lettres et cartes postales expédiées au rayon des étapes et des opérations de l'ouest de la Belgique (Bulletin officiel des lois et arrêtés, no 242) sera abrogé à partir du 20 mars 1917. A compter de ce jour, les taxes d'affranchissement des lettres et des cartes postales échangées avec le rayon des étapes et des opérations seront, d'une manière générale, celles de l'Union postale universclle. Il sera perçu pour:

les *lettres*	jusqu'à 20 gr	25 centimes.
	au delà, par 20 gr	15 „
les *cartes postales*	simples	10 „
	avec réponse payée	20 „

Toutes les lettres et cartes postales doivent être affranchies par l'expéditeur.

Bruxelles, le 13 mars 1917.

G. G. II*b* 1417/17.

Verordening

houdende opheffing der Verordening van 8 Augustus 1916, betreffende verhooging van de postrechten op brieven en postkaarten voor het postverkeer met het Etappen- en Operatiegebied in West-België.

Mijn Verordening van 8 Augustus 1916, betreffende verhooging van de postrechten op brieven en postkaarten voor het postverkeer met het Etappen- en Operatiegebied in West-België (Wet- en Verordeningsblad, Nr. 242), wordt met ingang van 20 Maart 1917 opgeheven. De rechten op brieven en postkaarten voor het verkeer met het Etappen- en Operatie-gebied worden, te rekenen van dien dag, algemeen in overeenstemming gebracht met de tarieven van de Wereldpostvereeniging. Volgende rechten zullen geheven worden op

brieven	*tot 20 gram*	*fr. 0,25,*
	voor elke 20 gram meer	*„ 0,15,*
postkaarten	*enkele*	*„ 0,10,*
	met antwoordkaart.............	*„ 0,20,*

De afzender moet al de brieven en postkaarten frankeeren.

Brussel, den 13n Maart 1917,
*C. C. II*b *1417/17.*

3.

VERORDNUNG. ***

In Ergänzung meiner Verordnung vom 22. 3. 1916 über die Beschlagnahme von Waldbeständen bestimme ich:

Die im § 2 angeordnete Zustellung des Beschlagnahmescheins kann durch öffentliche Bekanntmachung der Beschlagnahme ersetzt werden. Alsdann tritt die im § 3 bezeichnete Wirkung mit dem Tage der öffentlichen Bekanntmachung ein.

Brüssel, den 16. März 1917.
G. G. III 688.

Arrêté. ***

En vue de compléter mon arrêté du 22 mars 1916 concernant la saisie des arbres des forêts, je décide ce qui suit:

La remise de l'avis de saisie (Beschlagnahmeschein) ordonnée par le § 2, peut être remplacée par la publication dudit avis. Dans ce cas, c'est à partir du jour de la publication que l'avis produira les effects prévus au § 3.

Bruxelles, le 16 mars 1917.

Verordening. ***

In aanvulling mijner Verordening van 22 Maart 1916, over het aanslaan van woudboomen, bepaal ik het navolgende :

De in § 2 voorgeschreven overhandiging van een beslagnemingsbewijs, kan vervangen worden door een openbare

*** Sehe Seite 1. — Voyez page 1. — Zie blz. 1.

bekendmaking van de inbeslagneming. In dat geval, neemt de werking, waarvan sprake in § 3, aanvang op den dag dat de openbare bekendmaking verschijnt.

Brussel, den 16n Maart 1917.
G. G. III 688.

VERORDNUNG. ***

betreffend Feuerwerkskörper.

1. Das Abbrennen und jeder sonstige Gebrauch von Feuerwerkskörpern werden verboten, desgleichen ihre Herstellung, ihr Handel und Besitz.

2. Wer Feuerwerkskörper im Besitz hat, muss dies bis zum 31. März 1917 der örtlichen Militärbehörde unter Angabe der Menge anzeigen und auf Erfordern abliefern oder in der sonst angeordneten Weise verwahren.

3. Zuwiderhandlungen werden mit Haft, mit Arrest oder mit Gefängnis bis zu einem Jahre sowie mit Geldstrafe bis zu 5000 Mark oder mit einer dieser Strafen bestraft.

Zuständig sind die Militärgerichte und die Militärbefehlshaber.

Brüssel, den 16. März 1917.
G. G. III 620.

Arrêté ***

concernant les pièces d'artifice.

1. Il est interdit de tirer des pièces d'artifice, de s'en servir de quelque manière que ce soit, d'en fabriquer, d'en faire commerce et d'en détenir.

2. Quiconque détient des pièces d'artifice doit les déclarer, en indiquant la quantité, le 31 mars 1917 au plus

tard à l'autorité militaire locale; il doit, en outre, sur avis, les livrer ou les garder de la manière qui lui sera prescrite.

3. Les infractions au présent arrêté seront punies soit d'un emprisonnement (peine de police, arrêts ou peine correctionelle) d'un an au plus et d'une amende pouvant atteindre 5,000 marcs, soit d'une de ces deux peines à l'exclusion de l'autre.

Les tribunaux et commandants militaires sont compétents pour juger lesdites infractions.

Bruxelles, le 16 mars 1917.
G. G. III 620.

Verordening ***

betreffend vuurwerkstukken.

1. Het is verboden vuurwerkstukken af te steken of op eenige andere wijze te gebruiken. Het is eveneens verboden vuurwerkstukken te maken, er handel in te drijven en er in bezit te houden.

2. Wie vuurwerkstukken in zijn bezit heeft, moet er, onder vermelding van de hoeveelheid, ten laatste op 31 Maart 1917 aangifte van doen bij de plaatselijke krijgsoverheid en ze op bevel afleveren of op de opgelegde wijze bewaren.

3. Overtredingen worden met ten hoogste één jaar hechtenis, opsluiting en met ten hoogste 5.000 mark boete, of met één van beide straffen gestraft.

De krijgsrechtbanken en de krijgsbevelhebbers zijn tot oordeelvellen bevoegd.

Brussel, den 16n Maart 1917.
G. G. III 620.

VERORDNUNG

über die Uebertragung von Befugnissen der belgischen Provinzialräte auf die Präsidenten der Zivilverwaltungen.

Unter teilweiser Ausserkraftsetzung des Artikel 66 Absatz I des Provinzialgesetzes vom 30. April 1836 werden die Präsidenten der Zivilverwaltungen der Provinzen ermächtigt, an Stelle der Provinzialräte nach Anhörung der Ständigen Ausschüsse die Rechnungen der Einnahmen und Ausgabeu für das Rechnungsjahr 1915 festzustellen und das Budget der Ausgaben für das Geschäftsjahr 1917 festzusetzen sowie über die Aufbringung der erforderlichen Mittel zu beschliessen.

Diese Verordenung findet auf die Provinz Westflandern keine Anwendung; sie tritt sofort in Kraft.

Brüssel, den 17. März 1917.

C. C. II*b* 306, V 1247.

Arrêté

concernant le transfert de certains pouvoirs des conseils provinciaux belges aux Présidents des Administrations civiles.

Par abrogation partielle de l'article 66, 1er alinéa, de la loi provinviale du 30 avril 1836, les Présidents de l'Administration civile des provinces sont autorisés à se substituer aux conseils provinciaux pour arrêter les comptes de recettes et dépenses de l'exercice 1915, établir le budget des dépenses pour l'exercice 1917 et déterminer les moyens de faire face à ces dépenses, après avoir entendu les députations permanentes.

Le présent arrêté n'est pas applicable à la province de

Flandre occidentale; il entre immédiatement en vigueur.

Bruxelles, le 17 mars 1917.
C. C. II*b* 306, V 1247.

Verordening

betreffende het overdragen van bevoegdheden der Belgische provinciale raden op de Voorzitters van het burgerlijk bestuur.

Onder gedeeltelijke buitenkrachtverklaring van artikel 66, lid 1, der provinciale wet van 30 April 1836, worden der Voorzitters van het burgerlijk bestuur (Präsidenten de Zivilverwaltung) der provinciën gemachtigd, in vervanging der provinciale raden, na raadpleging van de bestendige afvaardigingen, de rekeningen van inkomsten en uitgaven voor het rekenjaar 1915 vast te stellen en de begrooting der uitgaven voor het bedrijfsjaar 1917 te bepalen, evenals over het innen der vereischte middelen te beslissen.

Deze Verordening is niet van toepassing op de provincie Westvlaanderen; zij wordt onmiddellijk van kracht.

Brussel, den 17n Maart 1917.
C. C. IIb *306, V 1247.*

No. 325. — 24. MÄRZ 1917. Pag. 3473.

VERORDNUNG,

betreffend das Studium der modernen Sprachen im mittleren Unterricht höheren Grades.

Artikel 4 des Gesetzes vom 12. Mai 1910 (Mon. S. 2864) erhält folgende Fassung.

Für jede Provinz wird eine einschliesslich des Vorsitzenden aus fünf Lehrkräften des höheren oder des mittleren Unterrichtsdiensten zusammengesetzte Prüfungskommision gebildet, in der sowohl die staatlichen und staatlich unterstützen als auch die freien Anstalten des mittleren Unterrichts tunlichst vertreten sein sollen.

Die Ernennung der Kommissionsmitglieder und die Bestimmung des Vorsitzenden erfolgt durch mich.

Die Prüfung ist öffentlich; die in den einzelnen Prüfungsabschnitten erworbenen Punkte werden öffentlich bekennt gemacht.

Brüssel, den 7. März 1917.
G. C. III*a* 745.

Arrêté
concernant l'étude des langues modernes dans l'enseignement moyen du degré supérieur.

L'article 4 de la loi du 12 mai 1910 (*Moniteur belge*, p. 2864) est à présent rédigé comme suit:

Il est constitué pour chaque province un jury composé de cinq membres (y compris le président), professeurs de l'enseignement du degré supérieur ou moyen, qui, autant que possible, représentent les établissements d'enseignement dirigés par l'Etat, ceux subsidiés par l'Etat et les établissements libres.

Les membres et le président du jury sont nommés par moi.

L'examen a lieu en public; les points obtenus pour chacune des épreuves sont publiquement proclamés.

Bruxelles, le 7 mars 1917.
C. C. III*a* 745.

Verordening
betreffende de studie der moderne talen in het middelbaar onderwijs van den hoogeren graad.

Artikel 4 der wet van 12 Mei 1910 (Staatsblad, bl. 2864) luidt voortaan als volgt :

Voor elke provincie wordt een jury aangesteld, bestaande uit vijf leerkrachten, den voorzitter er bij begrepen, van he hooger of van het middelbaar onderwijs. In deze jury moeten zooveel mogelijk zoowel de staatsinrichtingen en de door den Staat ondersteunde, als de vrije inrichtingen van het middelbaar onderwijs vertegenwoordigd zijn.

Ik benoem de juryleden en stel den voorzitter aan.

Het examen is openbaar ; de punten, in de verschillende proeven bepaald, worden openbaar bekendgemaakt.

Brussel, den 7n Maart 1917.
C. C. IIIa 745.

VERFÜGUNG

zum Vollzuge der Verordnung vom heutigen über das Studium der modernen Sprachen im mittleren Unterricht höheren Grades.

Anstelle der Absätze 1 und 2 in Artikel 4 meiner Verfügung vom 27. Mai 1916 — C. C. III 1602 — treten folgende Bestimmungen:

Gegebenenfalls wird jährlich in jeder Provinz eine Kommision zur Abhaltung der Prüfung in den modernen Sprachen für die Kandidaten der Provinz eingesetzt. Sie besteht aus 5 Mitgliedern, unter denen sich ein Vorsitzender und ein Schriftführer befinden.

Die Ernennung der Kommissionsmitglieder und die Bestimmung der Vorsitzenden erfolgt durch mich aus Lehrkräften des höheren oder des mittleren Unterrichtsdienstes in der Weise, dass in der Kommission sowohl die staatlichen und die staatlich unterstützten als auch die freien Anstalten tunlichst vertreten sind.

Brüssel, den 7. März 1917.
C. C. III*a* 745.

Arrêté

pris en exécution de l'arrêté de ce jour concernant l'étude des langues modernes dans l'enseignement moyen du degré supérieur.

Les 1er et 2e alinéas de l'article 4 de mon arrêté du 27 mai 1916 — C. C. III 1602 — sont remplacés par les dispositions suivantes:

Il est constitué annuellement dans chaque province, s'il y a lieu, un jury chargé de procéder, pour les récipiendaires de la province, à l'épreuve sur les langues modernes. Ce jury se compose de 5 membres dont un président et un secrétaire.

La nomination des membres et du président du jury se fera par moi parmi les professeurs de l'enseignement du degré supérieur ou moyen, de telle façon que les établissements d'enseignement dirigés par l'Etat, ceux subsidiés par l'Etat et les établissements libres soient, autant que possible, représentés dans ledit jury.

Bruxelles, le 7 mars 1917.
C. C. III*a* 745.

Beschikking

ter uitvoering der verordening van heden, betreffende de studie der moderne talen in het middelbaar onderwijs van den hoogeren graad.

Ter vervanging van lid 1 en 2 van artikel 4 mijner beschikking van 27 Mei 1916 — C. C. III 1602 —, vaardig ik de hiernavolgende bepalingen uit :

Desgevallend wordt jaarlijks in elke provincie een jury aangesteld, belast met het afnemen van het examen in de moderne talen van de kandidaten der provincie. Zij bestaat uit 5 leden, waaronder een voorzitter en een schrijver.

Ik benoem de juryleden en stel den voorzitter aan onder de leerkrachten van het hooger of van het middelbaar onderwijs daarbij zal er voor gezorgd worden, dat in de jury, zooveel mogelijk zoowel de staatsinrichtingen en de door den Staat ondersteunde,als de vrije inrichtingen vertegenwoordigd zijn.

Brussrl, den 7n Maart 1917.
*C. C. III*a *745.*

3

VERORDNUNG, ***

betreffend Verkehr mit Fuhrwerken, die zum Waren- oder Briefschmuggel geeignet sind.

Alle Fuhrwerke — Wagen, Karren u. dgl. — die durch Vorhandensein von doppelten Böden, doppelten Sitzbrettern oder Bocksitzen, von doppelten Wänden und Decken, von Einsatzkästen und dgl. sich zum Waren- oder Briefschmuggel eignen, dürfen 14 Tage nach dem Erlass dieser Verordnung nicht mehr verkehren, wenn bis dahin die zum Waren- und Briefschmuggel geeigneten Einrichtungen nicht beseitigt sind.

§ 2. Wagen, die nach ihrer Bauart mit einfachen Kästen unter dem Bocksitz oder unter den Innensitzen versehen sind (z. B. Landauer), dürfen zwar verkehren, jedoch ist der Führer des Wagens den prüfenden Militärpersonen oder Beamten gegenüber verpflichtet, *sofort alle* derartigen eingebauten Behältnisse anzugeben und zu öffnen.

§ 3. Zuwiderhandlungen werden, auch neben einer Bestrafung wegen Waren- oder Briefschmuggels, mit Gefängnis bis 6 Monate oder Geldstrafe bis 1000 Mark allein oder in Verbindung miteinander, sowie mit Einziehung des Wagens ohne Rücksicht auf dessen Eigentum bestraft.

*** Sehe Seite 1. — Voyez page 1. — Zie blz. 1.

Zuständig sind die deutschen Militärgerichte und Militärbehörden.

Brüssel, den 19. März 1917.

G. G. III 627.

Arrêté ***

concernant la circulation des véhicules pouvant servir à la contrebande des marchandises ou des lettres.

§ 1er. Dès le 14e jour après la publication du présent arrêté, tous les véhicules (voitures, charrettes, etc.) qui peuvent servir à la contrebande des marchandises ou des lettres parce qu'ils possédent des doubles fonds, des sièges à double fond, des parois latérales ou supérieures doubles, des coffres, etc. adaptés au chassis ou à d'autres parties, etc. ne pourront plus circuler que si les dispositifs facilitant ladite contrebande, ont été enlevés.

§ 2. Les véhicules qui, conformément à leur genre de construction, sont pourvus de coffres à parois simples, etc. sous le siège du cocher ou sous le sièges intérieurs (p. ex. les landaus) peuvent continuer à circuler mais le conducteur est tenu d'indiquer et d'ouvrir *immédiatement* au militaire ou à l'agent procédant à l'examen *tous* lesdits coffres, etc. aménagés dans le véhicule.

§ 3. Indépendamment de la peine qui pourra être appliquée pour contrebande de marchandises ou de lettres, toute infraction au présent arrêté sera punie soit d'un emprisonnement de 6 mois au plus et d'une amende pouvant atteindre 1000 marcs, soit d'une de ces deux peines à l'exclusion de l'autre; en outre, on prononcera la confiscation du véhicule, quel qu'en soit le propriétaire.

Les tribunaux et autorités militaires allemands sont compétents pour juger les infractions au présent arrêté.

Bruxelles, le 19 mars 1917.

G. G. III 627.

Verordening ***

betreffende het verkeer van voertuigen, die geschikt zijn om goederen of brieven te smokkelen.

§ 1. Al de voertuigen (rijtuigen, karren, enz.) met dubbelen bodem, dubbele bank planken of bokzitvlakken, dubbele zijvlakken en kappen, in het raam in andere deelen aanpassende kisten enz., die ze geschikt maken voor het smokkelen van goederen of brieven, mogen 14 dagen na de uitvaardiging van deze Verordening niet meer voor het verkeer gebruikt worden, ingeval de tot het smokkelen van goederen en brieven geschikte inrichtingen op dat tijdstip niet verwijderd zijn geworden.

§ 2. Rijtuigen, die door den aard van den bouw, van kisten met enkele wanden onder het bokzitvlak of onder de zitplaatsen in het rijtuig zelf voorzien zijn (zooals landauers mogen verder in gebruik blijven ; de voerder van zulke rijtuigen is evenwel verplicht terstond al *de ingemaakte bakken aan de militairen of beambten, die met het onderzoek der voertuigen belast zijn, aan te wijzen en voor hen te openen.*

§ 3. Overtredingen worden gestraft met ten hoogste 6 maand gevangenis en met ten hoogste 1000 mark boete, of met één van beide straffen, alsook met de verbeurdverklaring van het rijtuig, om het even wie er de eigenaar van is. Bij voorkomend geval zal de overtreder eveneens wegens het smokkelen van goederen of brieven gestraft worden.

De Duitsche krijgsrechtbanken en krijgsoverheden zijn tot oordeelvellen bevoegd.

Brussel, den 19n Maart 1917.
C. C. III 627.

No. 326. — 26. MÄRZ 1917. Pag. 3489.

VERORDNUNG,

betreffend die Inkraftsetzung des Gesetzes vom 26. Mai 1914.

Auf Grund der Artikel 9 und 15*bis* des Gesetzes vom 5. Juni 1911, ergänzt durch die Novelle vom 26. Mai 1914, betreffend die Altersrenten der Bergarbeiter, wird nachfolgendes bestimmt:

Artikel 1. Die für die Bergarbeiter bestehenden allgemeinen Versorgungskassen (gemeenschappelijke voorzorgskassen, caisses communes de prévoyance) haben mit Wirkung vom 1. Januar 1917 die Verpflichtungen zu erfüllen, welche ihnen durch die Novelle vom 26. Mai 1914 in Ergänzung des Gesetzes vom 5 Juni 1911, betreffend die Altersrenten der Bergarbeiter auferlegt sind.

Das Ministerium für Gewerbe und Arbeit erlässt die Anweisungen für die Behandlung der neuen Rentenanträge.

Artikel 2. In Abweichung von Artikel 9 wird der Höchstbeitrag, welcher von den an die Versorgungskassen angegliederten Unternehmern zu zahlen ist, bis auf weiteres von 2,5, % auf 3 % des Arbeiterlohnes erhöht mit Rückwirkung vom 1. Januar 1917.

Brüssel, den 7. März. 1917.
C. C. IV A *a* 2591.

Arrêté

concernant la mise en vigueur de la loi du 26 mai 1914.

En vertu des articles 9 et 15*bis* de la loi du 5 juin 1911, complétée par la loi du 26 mai 1914 sur les pensions de vieillesse en faveur des ouvriers mineurs, il est arrêté ce qui suit:

Article 1er. Les caisses communes de prévoyance créées en faveur des ouvriers mineurs sont tenues de remplir, avec effet à partir du 1er janvier 1917, les obligations qui leur sont imposées par la loi du 26 mai 1914 complétant la loi du 5 juin 1911 sur les pensions de vieillesse en faveur des ouvriers mineurs.

Le Ministère de l'industrie et du travail publiera les instructions concernant la suite à donner aux nouvelles demandes de pension.

Article 2. Par dérogation à l'article 9, le taux maximum de la cotisation à payer par les exploitants affiliés aux caisses de prévoyance est, jusqu'à nouvel avis, porté de 2.5 p. c. à 3 p. c. des salaires des ouvriers, avec effet rétroactif au 1er janvier 1917.

Bruxelles, le 7 mars 1917.
C. C. IV A *a* 2591.

Verordening,

betreffende het van kracht worden van de wet van 26 Mei 1914.

Op grond van artikelen 9 en 15bis der wet van 5 Juni 1911, aangevuld door de wet van 26 Mei 1914, op de ouderdomspensioenen ten bate der mijnwerkers, bepaal ik het navolgende :

Artikel 1. De bestaande gemeenschappelijke voorzorgskassen voor de mijnwerkers moeten, met ingang van 1 Januari 1917, de verplichtingen nakomen, die hun zijn opgelegd bij de wet van 26 Mei 1914, tot aanvulling van de wet van 5 Juni 1911, op de ouderdomspensioenen ten bate der mijnwerkers.

Het ministerie van Handel en Nijverheid zal de noodige

aanwijzigingen uitvaardigen voor de behandeling der nieuwe pensioensaanvragen.

Artikel 2. In afwijking van artikel 9, wordt de hoogste bijdrage, die de bij de voorzorgskassen aangesloten ondernemers moeten betalen, tot nader bericht en met terugwerkende kracht van 1 Januari 1917 af, van 2,5 % van het werkloon op 3 % verhoogd.

Brussel, den 7n Maart 1917.
C. C. IV A a 2591.

2

BEKANNTMACHUNG ***

Auf Grund meiner Verordnung vom 8. Juli 1916, betreffend die Ernte-Kommissionen sowie der dazu am 8. Juli 1916 erlassenen Ausführungsbestimmungen, habe ich auf Vorschlag der Zentral-Ernte-Kommission die Höchstpreise für den Verkauf von erdroschenem Brotgetreide, Mehl, Kleie und Brot bis auf weiteres wie folgt festgesetzt:

Für Weizen, ab Lager oder Mühle geliefert	Franken	48.88	für	100	kg.
„ Roggen ab Lager oder Mühle geliefert	„	28.59	„	„	„
„ Mengekorn ab Lager oder Mühle liefert	„	29.27	„	„	„
„ ungeschälten Spelz ab Lager oder Mühle gegeliefert	„	25.78	„	„	„
„ Kleie, ab Mühle geliefert	„	21.50	„	„	„
„ Weizenmehl, den Bäckern oder Verbrauchern geliefert	„	57.99	„	„	„
„ Roggenmehl den Bäckern oder Verbrauchern geliefert	„	35.45	„	„	„
„ Mengekornmehl den Bäckern oder Verbrauchern geliefert	„	36.20	„	„	„
„ Weizenbrot, den Verbrauchern geliefert	„	—.50	„	1	kg.

*** Sehe Seite 1. — Voyez page 1. — Zie blz. 1.

Diese Höchstpreise treten am 15. April in Kraft.

Den Provinzial-Ernte-Kommissionen wird die Befugnis erteilt, für den Bezirk einzelner Gemeinden, auf Antrag oder nach Anhörung der Bürgermeister, je einen niedrigeren Höchstpreis für Brot, zu dessen Zubereitung Roggenmehl verwandt wird, festzusetzen.

Für die Verkäufe der Erzeuger von Brotgetreide an das Comité National de Secours et d'Alimentation bleiben die in den Ausführungsbestimmungen zu der Verordnung, betreffend die Ernte-Kommissionen vom 8. Juli 1916 festgesetzten Höchstpreise in Geltung.

Brüssel, den 23 März 1917
Z E K 1133/17

Avis. ***

Comme suite à mon arrêté du 8 juillet 1916, concernant les Commissions de la récolte (Ernte-Kommissionen), et aux dispositions réglementaires du 8 juillet 1916 dudit arrêté, j'ai, sur la proposition de la Commission centrale de la récolte (Zentral-Ernte-Kommission), fixé, jusqu'à nouvel avis, les prix maxima suivants, applicables aux ventes de blé battu, farine, son et pain:

froment pris au dépôt ou au moulin....	fr.	48.88	les	100 kg.
seigle pris au dépôt ou au moulin	„	28.59	„	„ „
méteil pris au dépôt ou au moulin	„	29.27	„	„ „
épeautre non pelé pris au dépôt ou au moulin	„	25.78	„	„ „
son pris au moulin	„	21.50	„	„ „
farine de froment livrée aux boulangers ou consommateurs	„	57.99	„	„ „
farine de seigle livrée aux boulangers ou aux consommateurs	„	35.45	„	„ „
farine de méteil livrée aux boulangers ou aux consommateurs	„	36.20	„	„ „
pain de froment livré aux consommateurs	„	—50	„	le kg

Ces prix maxima entreront en vigueur le 15 avril.

Les Commissions provinciales de la récolte auront le droit, dans certaines communes, sur la demande du bourgmestre ou après avoir entendu ce dernier, d'abaisser le prix maximum du pain contenant de la farine de seigle.

Pour le blé vendu par les producteurs au Comité national de secours et d'alimentation, les prix maxima déterminés dans les dispositions réglementaires de l'arrêté du 8 juillet 1916, concernant les Commissions de la récolte (Ernte-Kommissionen), restent en vigueur.

Bruxelles, le 23 mars 1917.
Z. E. K. 1133/17.

Bekendmaking. ***

Op grond mijner Verordening van 8 Juli 1916 betreffende de Oogstkommissies, evenals der uitvoeringsbepalingen van 8 Juli 1916 tot deze Verordening, heb ik, op voorstel der Centrale Oogstkommissie (Zentral-Ernte-Kommission), de hoogste prijzen voor den verkoop van gedorscht koren, meel, zemelen en brood voorshands als volgt vastgesteld:

voor	*tarwe uit stapelplaats of molen geleverd*	*frank*	*48.88*	*per*	*100*	*kgr.*
„	*rogge uit stapelplaats of molen geleverd*	„	*28.59*	„	„	„
„	*masteluin uit stapelplaats of molen geleverd*	„	*29.27*	„	„	„
„	*ongepelde spelt uit stapelplaats of molen geleverd*	„	*25.78*	„	„	„
„	*zemelen uit den molen geleverd*	„	*21.50*	„	„	„
„	*tarwemeel aan bakkers of verbruikers geleverd*	„	*57.99*	„	„	„
„	*roggemeel aan bakkers of verbruikers geleverd*	„	*35.45*	„	„	„
„	*masteluinmeel aan bakkers of verbruikers geleverd*	„	*36.20*	„	„	„
„	*tarwebrood aan verbruikers geleverd*	„	*—.50*	„		*kgr.*

Deze hoogste prijzen worden op 15 April van kracht.

De Provinciale Oogstkommissies (Provinzial-Ernte-Kommissionen) zijn bevoegd, voor de omschrijving van afzonderlijke gemeenten, op verzoek of na raadpleging van de burgemeesters, telkens een lageren hoogsten prijs voor brood, tot het bereiden waarvan roggemeel wordt gebruikt, vast te stellen.

Voor den verkoop van koren door de voortbrengers aan het Nationaal Hulp- en Voedingscomiteit, blijven de hoogste prijzen, vastgesteld in de uitvoeringsbepalingen tot de Verordening van 8 Juli 1916, betreffende de Oogstkommissies, van kracht.

Brussel, den 23n Maart 1917.
Z. E. K. 1133/17.

No. 327. — 29. MÄRZ 1917. Pag. 3501.

VERORDNUNG ***

über die Beschlagnahme von Weiden and Weidenrinden.

In Ergänzung und Abänderung der bisher allgemeine oder Einzelverfügungen militärischer Befehlshaber ausgesprochenen Beschlagnahmen von Weiden wird hiermit folgendes bestimmt:

Artikel 1. Die Beschlagnahme der Weiden wird ausgedehnt auf sämtliche grüne, trockene, graue und geschälten Weiden aller Arten und Längen im Gebiet des Generalgouvernements.

Die Veräusserung, Beförderung und Verarbeitung der beschlagnahmten Weiden ist verboten, soweit nicht aus dem Folgenden anderes ersichtlich ist.

Artikel 2. Wer Vorräte an Weiden in Verwahrung hat, ist unbeschadet früherer Anmeldungen verpflichtet, die vorhandenen Mengen unter Bezeichnung des Eigentümers und des Lagerortes zu melden.

*** Sehe Seite 1. — Voyez page 1. — Zie blz. 1.

Falls die Weiden bereits früher vom Kreischef pp. freigegeben sind, ist dies bei der Meldung anzugeben.

Die Meldungen müssen in doppelter Ausfertigung gemacht werden auf Formblättern, welche bei den Kreischefts pp. erhältlich sind.

Die ausgefüllten Meldelisten sind bis zum 15. April bei der Abteilung für Handel und Gewerbe, Rohstoffverwaltungsstelle, Brüssel, Kunstherlevinglaan 30 einzureichen.

Aus der Meldung muss hervorgehen:

a) Wieviel Bund verzogene Weiden
b) Wieviel Bund nicht verzogene Weiden vorhanden sind
} und zwar von jeder Sorte und Länge.

Die noch nicht geschnittenen Weiden sind nacht den bestandenen Grundflächen in ha anzugeben.

Artikel 3. Die Eigentümer, Besitzer oder Pächter von Weidenkulturen, sowie die Gesitzer oder Verwalter von Vorräten grüner Weiden sind verpflichtet, dafür zu zorgen, dass ihre Bestände rechtzeitig geschnitten und geschält werden. Sofern die Schälung im eigenen Betriebe nicht bewirkt werden kann, dürfen die grünen Weiden an Schäler verkauft werden. Für diese Verkäufe und die dadurch notwendig werdenden Beförderungen ist eine Genehmigung nicht erforderlich, jedoch sind sie der in Artikel 2 Absatz 4 bezeichneten Stelle auf den vorgeschriebenen Formblättern anzuzeigen. Die Schäler haben die Weiden in sachgemässer Weisse zu schälen und pfleglich zu behandeld.

Artikel 4. Alle durch die Schälung der Weiden gewonnenen Weidenrinden werden hierdureh beschlagnahmt.

Die Verwendung von Weidenrinden für Streu-, Dung- oder andere Zwecke ist verboten. — Die Weidenrinden sind zu trocknen, ordnungsgemäss zu bündeln und vor Nässe zu schützen. Hierfür sind die Besitzer, welche die

Weiden schälen oder schälen lassen, verantwortlich.

Artikel 5. Alle Vorräte an trocknen grauen oder an geschälten Weiden aller Längen, sowie an Weidenrinden dürfen nur an die Firma Struss & Vogel in Antwerpen, Meir 14, als Vertreterin der Kriegswirtschafts-Aktiengesellschaft oder an die mit Ausweis des Festungsgouvernements Antwerpen versehenen Aufkäufer der Firma verkauft werden. Sie sind der Firma zum Kauf anzubieten und im Verkaufsfalle auf Aufforderung gegen Barzahlung abzuliefern.

Als Höchtspreis geschälter Weiden für erste Qualität bester Sortierung werden 4.20 Franken für ein Bund von 1 m Umfang, im Bock gebunden, festgesetzt; für geringere Qualitäten werden niedrigere Preise gezahlt.

Für Bünde, die bei der Abnahme nicht den vorschiftsmässigen Umfang von 1 m haben, werden für jeden fehlenden Zentimeter 0,20 Franken in Abzug gebracht.

Für Weidenrinden wird ein Höchtspreis von 5. — Franken für 100 kg. bester Qualität im Grossbahnwaggon verladen, festgesetzt.

Die Ablieferung und Verladung der Weiden und Weidenrinden muss nach den von der Firma Struss & Vogel angegebenen Sorten auf den von ihr bestimmten Bahnhöfen nach Aufforderung pünktlich erfolgen.

Vorräte von trockenen grauen und geschälten Weiden, die der Firma Struss & Vogel nicht zum Verkauf angebiten werden oder deren Verkauf an die genannte Firma verweigert wird, werden durch die Sektion K. R. des Generalgouvernements gegen Gutschein beigetrieben. Die Entschädigung wird in diesem Falle durch die Reichsentschädigungskommission festgesetzt.

Artikel 6. Die Eigentümer, Besitzer und Pächter von Weidenkulturen haben diese nach dem Schneiden rechtzeitig von Unkraut zu reinigen und für sachgemässe Bearbeitung Sorge zu tragen.

Artikel 7. Ausnahmen von vorstehenden Bestimmungen kann nur die im Artikel 2 Absatz 4 genannte Stelle gestatten. Freigaben, die bereits früher von den Kreischefs pp. ausgesprochen sind, bleiben aufrecht erhalten. In den Freigabe- und Beförderungsanträgen ist anzugeben, zu welchen Zwecken und für welche Firmen der Verkauf oder die Verarbeitung der Weiden oder Weidenrinden erfolgen sollen. Beförderungen von Weiden und Weidenrinden, die von der Firma Struss & Vogel angekauft sind, bedürfen keiner Genehmigung.

Artikel 8. Vorsätzliche oder grob fahrlässige Zuwiderhandlungen gegen die Verordnung werden mit Geldstrafe bis zu 20.000,— M. und mit Gefängnis bis zu 2 Jahren oder mit einer dieser Strafen bestraft.

Die den Gegenstand der Zuwiderhandlung bildenden Weiden und Weidenrinden werden eingezogen. Bei blosser Fahrlässigkeit kann von der Einziehung abgesehen werden.

Zuständig sind die deutschen Militärgerichte und Militärbehörden.

Brüssel, den 21. März 1917.
C. C. IV R 3989/II.

Arrêté ***

concernant la saisie des osiers et des écorces d'osiers.

En vue de compléter et de modifier les dispositions d'ordre général ou particulier prises jusqu'à ce jour par les commandants militaires en vue d'ordonner la saisie des osiers, il est déterminé ce qui suit:

Article 1er. La saisie des osiers est étendue à tous les osiers verts, gris secs ou décortiqués, de toute espèce et de toute longueur, se trouvant dans le territoire du Gouvernement général.

Il est défendu de céder, de transporter ou de travailler les osiers saisis, à moins que les dispositions qui suivent n'en décident autrement.

Article 2. Quiconque détient des stocks d'osiers est obligé, indépendamment de toutes autres déclarations antérieures, de déclarer les quantités disponibles en indiquant le propriétaire et le lieu de dépôt.

Au cas où la libre disposition des osiers a déjà été autorisée précédemment par le chef d'arrondissement (Kreischef) ou une autre autorité compétente, on doit en faire mention dans la déclaration.

Les déclarations doivent être faites en double expédition sur des formules qui s'obtiennent auprès du chef d'arrondissement ou de l'autre autorité compétente.

Les listes de déclaration, dûment remplies, doivent être remises le 15 avril au plus tard, à la Section du commerce et de l'industrie, Bureau des matières premières (Abteilung für Handel und Gewerbe, Rohstoffverwaltungsstelle), 30, avenue de la Renaissance, à Bruxelles.

La déclaration doit indiquer le nombre:

a) de faisceaux d'osiers triés } de chaque sorte et
b) de faisceaux d'osiers non triés } de chaque longeur.

Pour les osiers non encore coupés, on déclarera les superficies en hectares qui en sont recouvertes.

Article 3. Les propriétaires, détenteurs ou fermiers d'oseraies de même que les personnes qui détiennent ou administrent des stocks d'osiers verts, sont tenus de veiller à ce que leurs osiers soient coupés et décortiqués à temps. Si la décortication ne peut avoir lieu dans l'exploitation même, les osiers verts pourront être vendus à des décortiqueurs. Ces ventes et les opérations de transport qu'elles nécessitent ne sont pas soumises à une autorisation préalable; elles doivent toutefois être déclarées, au moyen des formules prescrites à cette fin, à l'autorité désignée à l'article 2, 4e alinéa. Les décortiqueurs ont l'obligation de décortiquer rationnellement les osiers et de les traiter avec soin.

Article 4. Toutes les écorces d'osiers obtenues par la décortication sont saisies en vertu du présent arrêté.

Il est défendu d'utiliser les écorces d'osiers comme litière, comme engrais ou dans tout autre but. Les écorces d'osiers doivent être séchées, mises en faisceaux ainsi qu'il convient et protégées contre l'humidité. La responsabilité de ces mesures incombe aux possesseurs qui décortiquent les osiers.

Article 5. Tous les stocks d'osiers gris secs ou décortiqués de toute longueur, ainsi que ceux d'écorces d'osiers ne peuvent être vendus qu'à MM. Struss et Vogel, à Anvers, 14, place de Meir, représentants de la „Kriegswirtschafts Aktiengesellschaft", ou bien aux acheteurs de cette maison qui sont pourvus d'une carte de légitimation émanant du Gouvernement de la place forte d'Anvers. Tous lesdits stocks doivent être offerts en vente à la maison précitée et, en cas de vente, être livrés sur réquisition, contre paiement comptant.

Pour les osiers décortiqués de première qualité du meilleur choix il est fixé un prix maximum de fr. 4.20 par faisceau de 1 m. de circonférence, lié au chevalet; pour les qualités moindres, il sera payé des prix inférieurs à ce maximum.

Pour les faisceaux qui, à la prise de livraison, n'auront pas la circonférence prescrite de 1 m., il sera déduit du prix de vente fr. 0.20 par centimètre manquant.

Pour les écorces d'osiers, il est fixé un prix maximum de fr. 5. — les 100 kg. de première qualité, chargés sur wagon de chemin de fer à voie normale.

La livraison et le chargement des sortes d'osiers et d'écorces d'osiers que la maison Struss et Vogel désigne, doit, sur réquisition, se faire ponctuellement aux gares que ladite maison détermine à cette fin.

Les stocks d'osiers gris secs et d'osiers décortiqués qui ne seront pas offerts en vente à MM. Struss et Vogel ou que l'on refusera de vendre à cette maison, seront requisitionnés par la Section K. R. du Gouvernement général, contre délivrance d'un bon. Dans ce cas, l'indemnité sera déterminée par la „Reichsentschädigungskommission" (Commission impériale pour le règlement des indemnités).

Article 6. Les propriétaires, détenteurs et fermiers d'oseraies sont tenus, après la coupe, de sarcler à temps leurs oseraies, de façon à enlever les mauvaises herbes, et de veiller à ce que ces cultures soient soignées rationnellement.

Article 7. Seule l'autorité désignée à l'article 2, 4e alinéa, peut consentir des exceptions aux dispositions qui précèdent. Les autorisations de disposer de certains stocks qui ont déjà été accordées précédemment par le chef d'arrondissement ou une autre autorité compétente, restent valables. Les demandes tendant à obtenir la libre disposition et l'autorisation de transport doivent mentionner à quels usages et à quelles maisons les osiers ou écorces d'osiers bruts ou travaillés seraient vendus, le cas échéant. Pour le transport des osiers et écorces d'osiers achetés par la maison Struss et Vogel, aucune autorisation n'est nécessaire.

Article 8. Quiconque, intentionnellement ou par grave négligence, aura enfreint le présent arrêté sera puni soit d'une amende pouvant atteindre 20.000 marcs et d'un emprisonnement de 2 ans au plus, soit de l'une de ces deux peines à l'exclusion de l'autre.

Les osiers ou écorces d'osiers qui auront formé l'objet de l'infraction seront confisqués. En cas de simple négligence, il pourra être renoncé à la confiscation.

Les tribunaux et autorités militaires allemands sont compétents pour juger les infractions au présent arrêté.

Bruxelles, le 21 mars 1917.

C. C. IV R 3989/II.

Verordening ***

over het inbeslagnemen van wisschen en schors van wisschen.

Ter aanvulling en onder wijziging van de totnogtoe door algemeene of afzonderlijke beschikkingen van krijgsbevelhebbers uitgesproken inbeslagneming van wisschen, bepaal ik hierbij het navolgende :

Artikel 1. De inbeslagneming van de wisschen is uitgebreid tot al de groene, droge grauwe en geschilde (gepelde) wisschen van om het even welke soort en lengte, die binnen het gebied van het General gouvernement voorhanden zijn.

Zoover in onderstaande artikelen niet anders is bepaald, is het verboden de in beslag genomen wisschen te vervreemden, te vervoeren en te verwerken.

Artikel 2. Wie voorraden aan wisschen in bewaring heeft, is verplicht, om het even of hij er vroeger al dan niet aangifte van heeft gedaan, de bij hem voorhanden hoeveelheden, met vermelding van eigenaar en ligplaats, aan te geven.

Ingeval de „Kreischef" of een andere bevoegde overheid de wisschen vroeger reeds vrijverklaard heeft, moet dat bij de aangifte vermelden worden.

De aangifte moet in dubbel exemplaar gedaan worden op formulieren, die bij de „Kreischefs" of andere bevoegde overheden verkrijgbaar zijn gesteld.

De ingevulde lijsten van aangifte moeten ten laatste op 15 April 1917 binnengekomen zijn bij de „Abteilung für Handel und Gewerbe, Rohstoffverwaltungsstelle" (Afdeeling voor handel en nijverheid, Kantoor voor grondstoffen) Kunstherlevingslaan 30, te Brussel.

Uit de aangifte moet blijken :

a) hoeveel bundels getrokken wisschen } *en wel van elke soort en lengte.*
b) hoeveel bundels ongetrokken wisschen } *en wel van elke soort en lengte.*

er bij den inzender voorhanden zijn.

Nog niet gesneden wisschen moeten per begroeide teeltvlakte in hektaren worden aangegeven.

Artikel 3. De eigenaars, bezitters of pachters van wischteelten, evenals de bezitters of beheerders van voorraden aan groene wisschen zijn verplicht, er zorg voor te dragen dat hun voorraden bijtijds gesneden en geschild worden. Kan tot het schillen in het eigen bedrijf niet worden overgegaan, dan mogen de groene wisschen aan schillers verkocht worden. In zulke gevallen mag de verkoop en het ten gevolge daarvan noodzakelijk zijnde vervoer zonder toelating geschieden; daarvan dient evenwel op de voorgeschreven formulieren aangifte te worden gedaan bij het kantoor bedoeld in het 4e lid van artikel 2. De schillers moeten de wisschen op de behoorlijke wijze schillen en met de noodige zorg behandelen.

Artikel 4. Al de schors, voortkomend van het schillen der wisschen, is hierbij in beslag genomen.

Het is verboden schors van wisschen als strooisel, als mest of tot andere doeleinden te gebruiken. De schors van wisschen moet gedroogd, behoorlijk gebundeld en tegen vochtigheid beschut worden. De bezitters, die de wisschen schillen of doen schillen zijn daarvoor verantwoordelijk.

Artikel 5. Al de voorraden aan droge grauwe wisschen of aan geschilde wisschen van om het even welk lengte, alsook aan schors van wisschen mogen uitsluitend verkocht worden aan het huis Struss & Vogel, Meir 14, te Antwerpen, dat de „Kriegswirtschafts-Aktiengesellschaft" vertegenwoordigt, of aan de opkopers van genoemd huis, die een opkoopingstoelating van het vestingsgouvernement Antwerpen (Festungs-Gouvernement Antwerpen) kunnen vertoonen. Bedoelde voorraden moeten aan genoemd huis te koop worden aangeboden; ingeval de verkoop tot stand komt, zijn zij op uitnoodiging tegen betaling met gereed geld af te leveren.

Voor geschilde wisschen van eerste hoedanigheid van de beste sorteering is de hoogste prijs per bundel van 1 meter omvang, op den ezel gebonden, vastgesteld op 4.20 fr.; voor wisschen van mindere hoedanigheid worden lagere prijzen betaald.

Heeft een bundel bij het overnemen niet den voorgeschreven omvang van 1 meter, dan worden voor elken ontbrekenden centimeter 0.20 fr. afgetrokken.

Voor schors van wisschen van beste hoedanigheid op den spoorwegwagen geladen, is de hoogste prijs vastgesteld op 5 fr. per 100 kg.

De wisschen en schors van wisschen moeten op uitnoodiging, gescheiden naar soorten volgens de onderrichtingen van het huis Struss & Vogel, in de door dit huis aangeduide spoorwegstaties stipt afgeleverd en geladen worden.

De afdeeling K. R. van het Generalgouvernement zal de voorraden aan droge grauwe en geschilde wisschen, welke niet te koop aangeboden worden aan het huis Struss & Vogel, of waarvan de verkoop aan dit huis geweigerd wordt, tegen een ontvangbewijs (Gutschein) opeischen. In dit laatste geval zal de „Reichsentschadigungskommission" (Rijkskommissie tot regeling der schadeloosstellingen) de vergoeding vaststellen.

Artikel 6. De eigenaars, bezitters en pachters moeten hun wischteelten na het snijden bijtijds van onkruid zuiveren en voor de behoorlijke bewerking er van zorgen.

Artikel 7. Alleen het kantoor, dat in het 4e lid van artikel 2 aangeduid is, kan uitzonderingen op vorenstaande vepalingen toestaan. De inbeslagneming is niet toepasselijk op vroeger reeds door de „Kreischefs" of andere bevoegde overheden vrijverklaarde waren. In de aanvragen om een vrijverklaring of een vervoertoelating te bekomen is op te geven tot welke doeleinden en voor welke huizen de verkoop of de verwerking van de wisschen of de schors zou moeten geschieden. Wisschen en schors van wisschen, die het huis Struss & Vogel aangekocht heeft, mogen zonder toelating vervoerd worden.

Artikel 8. Wie deze Verordening opzettelijk of uit grove nalatigheid overtreedt, wordt met ten hoogste 20.000 mark boete en met ten hoogste 2 jaar gevangenis of met één dezer straffen gestraft.

De wisschen en de schors van wisschen, die het voorwerp der overtreding uitmaken, worden verbeurdverklaard. Ingeval de overtreding enkel uit nalatigheid geschiedt, kan van de verbeurdverklaring worden afgezien.

De Duitsche krijgsrechtbanken en krijgsoverheden zijn tot oordeelvellen bevoegd.

Brussel, den 21n Maart 1917.
C. C. IV R 3989/II.

GPSR Compliance

The European Union's (EU) General Product Safety Regulation (GPSR) is a set of rules that requires consumer products to be safe and our obligations to ensure this.

If you have any concerns about our products, you can contact us on ProductSafety@springernature.com

In case Publisher is established outside the EU, the EU authorized representative is:

Springer Nature Customer Service Center GmbH
Europaplatz 3
69115 Heidelberg, Germany

Batch number: 10822832

Printed by Printforce, the Netherlands